世紀人物100

浴火聖女

貞德

白丁 著

三民書局

獻給孩子們的禮物

主編的話

　　世界上最幸福的孩子，是他們一出生就有機會接近故事書，想想看，那些書中的人物，不論古今中外都來到了眼前，與他們相識，不僅分享了各個人物生活中的點滴，孩子們的想像力也隨著書中的故事情節飛翔。

　　不論世界如何演變，科技如何發達，孩子一世幸福的起源，仍然來自於父母的影響，如果每一個孩子都能從小在父母親的懷抱中，傾聽故事，共享閱讀之樂，長大後養成了閱讀習慣，這將是一生中享用不盡的財富。

　　三民書局的劉振強董事長，想必也是一位深信讀書是人生最大財富的人，在讀書人口往下滑落的多元化時代，他仍然堅信讀書的重要，近年來，更不計成本，連續出版了特別為孩子們策劃的兒童文學叢書，從「文學家」、「藝術家」、「音樂家」、「影響世界的人」系列到「童話小天地」、「第一次」系列，至今已出版了近百本，這僅是由筆者主編出版的部分叢書而已，若包括其他兒童詩集及套書，三民書局已出版不下千百種的兒童讀物。

　　劉董事長也時常感念著，在他困苦貧窮的青少年時期，是書使他堅強向上，在社會普遍困苦，而生活簡陋的年代，也是書成了他最好的良伴，他希望在他的有生之年，分享這份資產，讓下一代可以充分使用，讓親子共讀的親情，源遠流長。

　　「世紀人物 100」系列早就在他的關切中構思著，希望能出版

孩子們喜歡而且一生難忘的好書。近年來筆者放下一切寫作，接下這份主編重任，並結合海內外有心兒童文學的作者共同為下一代效力，正是感動於劉董事長致力文化大業的真誠之心，更欣喜許多志同道合的朋友，能與我一起為孩子們寫書。

「世紀人物100」系列規劃出版一百位人物故事，中外各占五十人，包括了在歷史上有關文學、藝術、人文、政治與科學等各行各業有貢獻的人物故事，邀請國內外兒童文學領域專業的學者、作家同心協力編寫，費時多年，分梯次出版。在越來越多元化的世界中，每個人都有各自的才華與潛力，每個朝代也都有其可歌可泣的故事，但是在故事背後所具有的一個共同點，就是每個傳主在困苦中不屈不撓，令人難忘的經歷，這些經歷經由各作者用心博覽有關資料，再三推敲求證，再以文學之筆，寫出了有趣而感人的故事。

西諺有云：「世界因有各式各樣不同的人群，才更加多采多姿。」這套書就是以「人」的故事為主旨，不刻意美化傳主，以每一位傳主的生活經歷為主軸，深入描寫他們成長的環境、家庭教育與童年生活，深入探索是什麼因素造成了他們與眾不同？是什麼力量驅動了他們鍥而不捨的毅力？以日常生活中的小故事，來描繪出這些人物，為什麼能使夢想成真。為了引起小讀者的興趣，特別著重在各傳主的童年生活描述，希望能引起共鳴。尤其在閱讀這些作品時，能於心領神會中得到靈感。

和一般從外文翻譯出來的偉人傳記所不同的是，此套書的特色是，由熟悉兒童文學又關心教育的作者用心收集資料，用有趣的故

事，融入知識，並以文學之筆，深入淺出寫出適合小朋友與大朋友閱讀的人物傳記。在探討每位人物的內在心理因素之餘，也希望讀者從閱讀中，能激勵出個人內在的潛力和夢想。我相信每個孩子在年少時都會發呆做夢，在他們發呆和做夢的同時，書是他們最私密的好友，在閱讀中，沒有批判和譏諷，卻可隨書中的主人翁，海闊天空一起遨遊，或狂想或計畫，而成為心靈知交，不僅留下年少時，從閱讀中得到的神交良伴（一個回憶），如果能兩代共讀，讀後一起討論，綿綿相傳，留下共同回憶，何嘗不是一幅幸福的親子圖？

2006 年，我們升格成為祖字輩，有一位朋友提了滿滿兩袋的童書相送，一袋給新科父母，一袋給我們。老友是美國國家科學院院士，曾擔任過全美閱讀評估諮議委員，也是一位慈愛的好爺爺，深信閱讀對人生的重要。他很感性的說：「不要以為娃娃聽不懂故事，我的孫兒們一出生就聽我們唸故事書，長大後不僅愛讀書而且想像力豐富，尤其是文字表達能力特別強。」我完全同意，並欣然接受那兩袋最珍貴的禮物。

因為我們同樣都是愛讀書、也深得讀書之樂的人。

謹以此套「世紀人物 100」叢書送給所有愛讀書的孩子和家庭，以及我們的孫兒──石開文，他們都是世界上最幸福的孩子，因為從小有書為伴，與愛同行。

作者的話

　　一千六百年前，中國南北朝時代，北方的農村有一個姑娘名叫木蘭，她跟母親學會了織布、繡花，跟父親學會了騎馬、射箭，當敵人侵犯她的國土時，她毅然女扮男裝，代父從軍。

　　五百多年前，英法百年戰爭時代，法國東北方的農村有一個姑娘名叫貞德，當敵人侵犯她的國土時，她也毅然女扮男裝，奔赴戰場。

　　這兩個歷史故事很相像，但前者是喜劇：木蘭十年征戰立下功勞，天子賞她金銀，還要封她做官，她都不要，高高興興回家同父母團聚；後者卻是悲劇：貞德出生入死，身負重傷，最後不幸被敵人俘虜，經宗教法庭審訊，被判處火刑。

　　貞德生活在中世紀黑暗的年代，父母是虔誠的宗教信徒。她在童年時代親眼目睹英國侵略軍燒殺搶掠的暴行，激起了愛

國熱情，在恍惚中聽到聲聲召喚：「快穿上男裝，投入抗英救國的神聖戰爭中去！」她離別家鄉，去向王子請戰，自稱是天主派遣的使者，拯救危難中的法蘭西。

她率領大軍取得奧爾良戰役的勝利，扭轉了英法百年戰爭的局勢，法國抗英戰爭開始走向勝利。

她扶助王子加冕登基，團結全國人民一致抗英，從一個勝利走向另一個勝利。

王子繼位後，貞德主張進攻巴黎，爭取統一全國。可是，新國王是「怯懦的蟾蜍」，暗中與投靠英國的勃艮第派貴族議和。法國的一批貴族眼看貞德的影響日益擴大，引起人民運動的高漲，就開始排擠、牽制、孤立甚至出賣貞德。

貞德孤軍奮戰，不幸被勃艮第派士兵俘虜，後來又被出賣給英國。法庭在英國的授意下，誣貞德為「女巫」和「異端」，認為她所見到的聖女和天使是魔鬼裝扮的，同魔鬼往來就是「女巫」；認為她穿男裝，違反教規，是「異端」的行為。十九歲的貞德被判處火刑，獻出了最寶貴的生命。

貞德之死，激起了法國人民的義憤，農民、市民和士兵在各地

同英國占領軍展開鬥爭，掀起抗英救國的浪潮，英法百年戰爭以法國勝利宣告結束。

貞德是 15 世紀的法國民族英雄，她短暫的一生，充滿了傳奇色彩。她雖然沒有讀過書識過字，連自己的名字也不會寫，卻以幼嫩的雙肩扛起歷史賦予的救國重任。她大無畏的獻身精神，來源於強烈的愛國心和虔誠的宗教信仰。她的溫柔、善良、忠貞、無私、勇敢、機智，感動並教育著一代又一代的少年兒童。

法國劇作家蕭伯納說過這樣的話：貞德是一位美麗而具有淑女風範的維多利亞女性。

美國小說家馬克‧吐溫對貞德有過這樣的評價：貞德的聲望用任何時代的不同標準來衡量，都是無與倫比的，可和凱撒、拿破崙等英雄人物媲美。

今天，法國到處有貞德的塑像，貞德的光輝形象也不斷在各國的銀幕上出現，貞德活在人們的心中。

我在寫這本書時，常會沉浸其中，忘了吃飯。我的名字是「中德」，當家裡人喚我下樓吃飯，我會誤聽成「貞德」，趕緊抬起頭來，向窗外觀望、尋找：「貞德？她在哪裡？」我真心期盼：有一天，我會看到貞德騎著那匹白馬，舉著那面軍旗，穿著銀色的盔甲，在燦爛的星空出現，並對我微微一笑。

為了突破傳統傳記故事的描述方式，我在書裡某些章節運用了

童話的結構和童話的語言，希望小讀者們喜歡。作品中的某些人物，如卡拉巴斯老爹、辛德瑞拉大媽、獨耳朵、大頭疤等，都是虛構的。

感謝美國國會圖書館 Lily Kecskes 女士、上海圖書館王宗義先生、老朋友熊衍元先生，他們熱情提供本書的背景知識。

寫書的人

白 丁

本名丁中德，上海人，畢業於上海師大中文系。曾任教職。1985 年移民美國，定居馬里蘭州。1995 年加入北美華文作家協會，現任華盛頓分會會長。1983 年開始發表童話、兒童詩、兒童劇本。除了兒童文學創作，還發表散文、小說。著有童話集《小靴皮皮》（獲第四屆上海作家協會幼兒文學獎）。

浴火聖女

貞　德

世紀人物
100

貞　　德

1412～1431

1　大　火

　　很久很久以前的中世紀的一個夜晚。

　　很遠很遠的法國東北部的一個村莊。

　　緩緩傾斜的山坡上，風兒在橡樹林裡一溜小跑，替樹葉兒吹奏起搖籃曲。山坡下，穆斯河靜靜流過。

　　忽然，遠處的地平線上蹦起火星，一個又一個，又密又快，將夜幕拉開一道血紅的裂縫。

　　月亮受了了驚嚇，忙躲起來。星星的眼神裡，也都露出恐慌。

　　幾乎是同時，曠野上隱隱傳來噠噠聲，又急又悶，一陣近似一陣，很快，一群馬隊出現，直向村莊這邊衝來。

先前跳動的那些火星，原來是一支支高舉的火把，映照出冰冷的盔甲、雪亮的長矛和一張張猙獰的臉。

天哪，這不就是杜列米村的仇敵——勃艮第派的匪徒嗎？

這群匪徒闖進沉睡的村莊，將燃燒的火把投向低矮的茅草屋頂，將抖動的長矛刺向簡陋的牛棚羊圈。

頓時，黑煙瀰漫，火舌亂竄。匪徒們勒緊韁繩，呼嘯而去，消失在山坡上的橡樹林裡。

睡夢裡的村民驚醒了，呼叫著，哭喊著，咒罵著。

整個村莊變得熱騰騰、亂糟糟、鬧哄哄的：火舌吞噬的嘶嘶聲、木板折斷的喀嚓聲、屋樑倒塌的呼喇喇聲、燃燒物爆裂的劈哩啪啦聲、風的嗚嗚

聲……

杜列米村最警醒的，數得上村長傑克‧達庫。當鐵蹄剛在門前擦過，他就一骨碌翻身下床，一手拉起妻子伊莎貝爾‧羅梅，一手抓下牆上的弓箭，將孩子們喚醒，囑咐兩個女兒跟著媽媽，自己就推著三個兒子衝出了門。

「你們三兄弟，趕快分頭去卡拉巴斯老爹和辛德瑞拉大媽兩家看看！」說話之間，傑克跳上棗紅馬，消失了身影。

七拐八彎的小巷裡，忙著救火的村民提著水桶鑽進鑽出，空氣裡飄著嗆人的煙味。

虧得風勢較弱，大火終於撲滅了。一堵堵被煙燻黑的斷壁，佝僂著佇立在那兒。折裂的百葉窗掙扎著來回搖晃。四肢抽搐的牲口瞪著眼，像要申訴冤屈。

　　村民不約而同聚在村長家門前，他們看到傑克那幢緊靠小教堂的房屋完好無損，都相信是天主的護佑，因為村長一家人是村裡最虔誠的天主教徒。伊莎貝爾嫁給傑克前，曾單身一人去羅馬朝拜聖地呢。

　　此刻，伊莎貝爾的身旁依偎著兩個女兒，十五歲的貞德和十二歲的卡特琳。

　　她的三個兒子站在人叢裡。二十一歲的雅克扶著孤老頭卡拉巴斯，十九歲的皮埃爾和十八歲的熱昂站在寡婦辛德瑞拉的左右。

　　貞德踮起腳向三個哥哥揮手，她提來一桶水，讓妹妹替卡拉巴斯清洗傷口，自己將草藥搗碎，替老人敷上。

　　「好心的姑娘，死對頭勃艮第派為啥老是來偷襲？」卡拉巴斯氣得直哆嗦。

　　貞德噗哧一聲笑了，「老爺，論您是村裡識字最多的人，幾乎每家的信都是您代寫的，今天怎麼氣糊塗了呢？您難道忘了我們全村老少一向效忠可憐的老國王嗎？勃艮第派舔英王亨利五世吃剩的盤子，當然同我們作對囉！」

　　貞德仰起臉，睜大褐色眼睛，褐色頭髮往後一甩，聲調高昂起來：「讓勃艮第派將杜列米村當眼中釘吧，這正是我們全村人的驕傲和榮耀！我們的村名不就是為了紀念聖徒杜列米嗎？因為這位聖徒的禱告，白鴿將聖水帶進了王宮，國王深受感動，接受洗禮成了天主教徒。」

　　辛德瑞拉淚漣漣的說：「可憐的瘋國王，他的惡婆娘逼他同英王簽的那個鬼協定，害得他的兒子兩手空空逃奔南方，

害得他的一半國土白白送人。他要是地下有知，一定會扭住那個死鬼算帳！」

　　緊挨著的卡特琳聽得一臉困惑，貞德耐心向她解釋：「大媽說的瘋國王就是五年前去世的查理六世，英國的國王亨利五世也死在那一年。他們兩個在七年前簽訂了特魯瓦和約。亨利五世同查理六世的女兒凱薩琳公主結婚後生下一個小妞兒，小妞兒才滿十個月就根據那個和約繼承了英法兩國的王位。她年紀太小，亨利五世的弟弟別福特公爵就當上了攝政王，連我們法國的事情都要插手。他還當過占領法國北部的英軍總司令，他的婆娘就是勃艮第公爵菲力普親王的妹妹。菲力普早就對查理六世懷恨在心，因為從前的勃艮第公爵約翰親王被查理六世身邊的武士

殺死，如今他倒向英國妹夫那邊，出賣法國利益，真不要臉！」

站在另一旁的皮埃爾聽了妹妹這番話，握緊拳頭對著天空喊道：「英國佬欺負我們法國人九十年了，我受不住了，我要參軍去，殺死英國佬！」

熱昂漲紅著臉，扳住雅克的肩膀，喘著氣說：「大哥，我會跟二哥一起去打仗，你信嗎？」

雅克側過臉，笑著說：「你倆真要去打仗，誰也攔不住。我身子弱，就和兩個妹妹留在家裡，放羊、種地、紡紗、織布。你們打了勝仗回來，再一起將老房子翻造，過上好日子。」

貞德聽了大哥的話，一聲不響。其實，她的心裡已開始有一個計畫。

這時，他們家那匹棗紅馬打著響鼻跑回來了，馬背上卻不見主人傑克。

眾人很迷惑，等了一陣，橡樹林那邊又奔來一匹馬。馬背上騎著一個人，還馱著一個被綑綁的人。

馬上騎著的正是村長傑克，貞德兄妹歡呼著迎上前去，伊莎貝爾也轉憂為喜。

原來，傑克暗中追上敵人，緊盯著落在隊伍最後面的一個，瞅準時機，張弓搭箭，將他射下馬來。那傢伙一聲不哼暈了過去，傑克施展身手，連人帶馬逮了回來。

憋了一肚子氣的村民捲起衣袖，拔出拳頭，圍住了馬背上那個剛醒過來的倒霉鬼。

貞德伸出手指刮著臉皮，「羞！羞！羞！那麼多人打一個受傷的俘虜，等天亮了，一

個個都得去小教堂向神父大聲懺悔！」

傑克也一連聲勸阻：「不可胡來，我要用他去換回辛德瑞拉大媽的兒子！」

辛德瑞拉聽到村長提起上個月被擄去的獨生子，不禁嗚咽起來，滿是皺紋的臉上，橫一道豎一道盡是淚痕。

伊莎貝爾挽起她的手，柔聲說：「讓我們禱告吧，仁慈而萬能的天主會保佑你的兒子平安歸來。」

這句話似有魔力，辛德瑞拉不再哭泣，順從的跟著伊莎貝爾跪下，眾人也都跪了一地。

當時是中世紀，歐洲的宗教氣氛十分濃厚，人們沉浸在宗教生活中，思想和行為都沾上了宗教，宗教信仰等於是生命。禱告、讀《聖經》、唱讚

美詩，向神父懺悔，都比吃飯睡覺還重要。年幼的貞德雖然不識字，卻背得出《聖經》上的篇章，她很會禱告，一跪下來就是半個小時，三天兩頭去小教堂找神父懺悔，神父見了這個小信徒都有點頭痛。

這是1427年的一個夏夜，杜列米村的人們，經歷了一場劫難，在一片嗡嗡的禱告聲裡，漸漸安靜下來。

2 小天使樹

　　離杜列米村不遠的山崗上，矗立著一棵已有相當年紀的山毛櫸。

　　這棵樹又高又粗，樹蔭又大。灰褐色的堅硬的樹皮上，除了粗糙的皺紋，還長出一個個小疙瘩。另有一些鱗片似的老樹皮正在脫落。可是，每逢春天，卵形葉子的縫隙間，還是會開出誘人的淡黃綠色的小花，花萼上還有淡淡的絲狀的絨毛。

　　此時已進入夏季，山毛櫸結出了一個個又小又硬的果實。

　　杜列米村的人們替這棵山毛櫸取了一個很好聽的名字：小天使樹。

　　傳說許多年前，這棵大樹

的周圍，住著一群可愛的小天使，她們唱歌、跳舞、捉迷藏，同橡樹林裡的小鳥和杜列米村的小孩子交上了朋友。

小天使唱歌的時候，小鳥也跟著鳴唱，有的歌聲宛轉，有的呢喃軟語，有的聒聒大叫。小天使跳舞的時候，小鳥也跟著飛舞，有的忽上忽下舞姿翩翩，有的平展雙翅隨風滑翔，有的快速搧翅懸浮半空。小天使捉迷藏的時候，小鳥也跟著躲東躲西，有的鑽進樹洞，有的藏在草叢裡，有的用樹葉遮住自己。

哪一家小孩子生了病，小天使便會在那一家的百葉窗下悄悄放一束花。這一束花會給小孩子帶來好運，使他早日痊癒。如果生病的小孩子實在無法救治，小天使便會在小孩子病床前現身，輕輕撫著他的

臉，輕輕合上他的眼，讓他平靜的含著微笑去天國。

不料，有一天，小天使不知怎麼惹惱了一位神父。這位神父脾氣古怪又很有權威，他硬是指稱小天使是偽裝的精靈，受了魔鬼的驅使，硬是將她們驅逐到穆斯河另一端的比利時。

從此，橡樹林裡的小鳥和杜列米村的小孩子再也見不到可愛的小天使了。

貞德從小愛聽小天使的故事，她會編一個漂亮的小花環，帶到小天使樹下，仰起頭，踮起腳，向上一扔，小花環就掛在頭頂的樹枝上了。這小花環是貞德特地為小天使編的，她同情她們的遭遇，常替她們禱告。

她還會帶一些麥粒、吃剩下的抹了黃油的玉米餅，送給

飛過的小鳥。她對著小鳥，輕輕的拍著手唱歌，慢慢的扭著腰跳舞，聲音動聽，姿態柔美。

　　從此，小鳥們常來小天使樹下尋找貞德，牠們喜愛這個褐色眼睛、褐色髮辮的善良少女，認定她就是久違了的小天使。

　　小鳥們爭著停在貞德的手心上，尾羽優美的展開成扇狀，又細心的收攏起來。貞德看得入了迷，尤其是喜鵲的尾羽特別長，遠看是黑色，近看會閃爍出彩色的光暈。

　　有的小鳥像淘氣的小孩，有的小鳥像靦覥的新娘，有的小鳥像斯文的紳士。貞德同牠們說起悄悄話來會忘了回家。

　　這一天，貞德又來到小天使樹下，剛取下脖子上的小花環，小鳥就都飛了下來，快活

的蹦跳著，嘰喳著，分享她帶來的食糧。

有一隻啄木鳥神氣的從樹幹上直走下來，牠的尾羽很長，兩隻腳趾朝前，另兩隻腳趾朝後，走得又快又穩。貞德用柔嫩的手指替牠梳理羽毛，用額頭輕輕觸碰牠。

漸漸的，她睏了，倚著小天使樹閉上了眼睛。

小鳥們歪著頭，瞅著貞德微微翕動的鼻翼，直到卡特琳來找姐姐，牠們才撲拍著翅膀，嘰嘰喳喳飛去。

貞德已經醒了，不言不語，像在沉思。

「姐姐，妳還在為大頭疤那件事生氣嗎？」卡特琳小心的探問。

貞德搖搖頭，凝視著前方。

大頭疤就是被她們的父親

逮回的那個匪徒，因為他的頭大，前額上又有疤，就有了這個綽號。他的哥哥是勃艮第派的一個小頭目。

在橡樹林交換俘虜時，辛德瑞拉暈了過去，因為她發現獨生子的右耳朵不見了，那裡留下一長條可怕的刀疤。村民要用刀子去割大頭疤的右耳朵作為報復，貞德見了，指著眾人的臉嚷道：「你們只敢在俘虜面前逞能，真有本事就跟我上戰場打英國佬去！」

村民放過大頭疤，取笑起貞德：「慢著，妳說什麼？妳帶我們上戰場打英國佬？妳的戰場在哪兒？千萬別揮起妳的羊鞭子，趕我們去妳的牧場！」

貞德說溜了嘴，臉上一紅，不吭聲了。

卡特琳見姐姐不是在小天使樹下生悶氣，就放心了，嘴

上卻還纏著貞德：「可是，妳看上去像有心事！」

「我剛才看見了──」

「姐姐，妳看見了什麼？」

「我看見了──」

貞德說了半句，停住了。她揉了揉眼睛，臉上泛出紅光，洋溢著喜悅。

「姐姐，快說嘛，妳究竟看見了什麼？」卡特琳噘起小嘴，伸出手在貞德的胳肢窩下做出搔癢的姿勢。

終於，貞德向妹妹吐露了心頭的祕密。

「本來，我是對誰都不說的。可是，這事情已發生了三次。我決定告訴妳，妳得替我隱瞞，別讓爹娘知道，免得他們為我擔驚受怕。」貞德閉上眼睛，喃喃的說著，胸脯起伏。

「親愛的妹妹，我看見了穿紅裝的聖女卡特琳、繫白裙的聖

女瑪格麗特和全身金色盔甲的天使長米伽羅，他們就站在雲端，叫著我的名字，同我說話……」

卡特琳又驚又喜，她雖然年僅十歲，但因生長在天主教家庭，十分熟悉聖徒的故事，尤其聖女卡特琳，有著同她一樣的名字，最受她敬佩。她情不自禁的摟住貞德。

「姐姐，妳真幸運，見到了聖女卡特琳！我知道她是誰，她是埃及的一位公主，夢見聖母瑪利亞問她：妳來做我兒子的新娘，願意嗎？她醒來後，就歡歡喜喜奔去天主教堂受洗，成了一名教徒。後來，她勇敢的向反對天主教的羅馬皇帝講述耶穌的神蹟。羅馬皇帝召來五十名僧侶同她辯論，沒有一個僧侶辯得過她。羅馬皇帝惱羞成怒，將卡特琳釘死

在十字架上。

「姐姐，我也知道聖女瑪格麗特是誰，她是敘利亞的農家姑娘，從小就是天主教徒，長大後被一個大官搶去成親。後來，那個大官逼迫她放棄信仰，她堅決不從。最後，瑪格麗特受盡折磨，被綁在火刑柱上燒死。

「姐姐，我當然也知道天使長米伽羅是誰，他是保衛天國的勇士，也是法國人的守護神，他保佑法國的一個將領打敗了英王率領的侵略軍，那個法國將領的名字也叫米伽羅。」

姐妹倆互相對望著，沉浸在宗教的境界裡。

「姐姐，三位聖徒對妳說了什麼話？一定是很重要的話，是嗎？」

「是的，他們對我說了同樣的話：親愛的貞德，妳被選

上了，妳將獲得天主的護佑，打敗英國佬，拯救法蘭西！」

「姐姐，妳真的能拯救法蘭西嗎？」

「妹妹，我心裡有點害怕，我一個字都不認識，能做什麼事呢？可是，我已經答應，盡一切努力去做，天主會護佑我！」

貞德在胸前畫了一個十字，眼睛裡閃出異樣的光彩。

3 離家

　　貞德十六、七歲時，有一個預言猶如楊花柳絮在法國飄飄揚揚。

　　那是六世紀亞瑟王身旁的預言家默林說過的一句話:「在遙遠的將來，法蘭西會毀在一個女人的手裡，又會被另一個女人拯救。」

　　這個預言的上半句似乎已被現實驗證：法國已毀在一個女人的手裡，這個女人就是法國王后伊莎波‧達伐利亞。她為了過奢侈的生活，不斷增加老百姓的捐稅，弄得民怨沸騰，而對英王卻處處讓步，慫恿丈夫將王位讓給英王，逼迫女兒嫁給英王，剝奪兒子的王位繼承權，致使英軍大舉入侵，占領法國北方。 1428 年 10

月，英軍又南下圍攻羅亞河北岸的奧爾良城。奧爾良城是通往法國南方的門戶，一旦失守，將導致整個南方淪陷，法國情勢十分危急。

默林預言的下半句仍是一個謎。拯救法蘭西的這個女人究竟是誰？她哪一天才會出現呢？法國人都在猜測，都在等待。

第一個有信心猜這謎語的是杜列米村的牧羊姑娘卡特琳，她附在貞德的耳邊，輕輕的說：「好姐姐，別人不知道，我可知道，妳就是預言中那個拯救法蘭西的女人！」

貞德拉著她的手，緩慢而有力的說：「這幾天，我又聽到了那個聲音：親愛的貞德，妳該行動了，法蘭西需要妳！出發吧！」

貞德停頓了一會，摟住卡

特琳緊緊不放，充滿感情的說：「親愛的妹妹，離別的日子快要到了，我要去見王子，請他給我軍隊，去解救奧爾良。」

卡特琳連忙催著羊群，趕往莊稼地，告訴正在鋤地的皮埃爾和熱昂。

皮埃爾和熱昂連忙放下鋤頭，趕去果園，告訴正在整枝的大哥雅克。

雅克連忙放下剪刀，奔著回家，告訴正在替棗紅馬餵料的父親。

傑克連忙放下草料，匆匆踏進屋裡，告訴正在織布的妻子。

伊莎貝爾聽了丈夫的話，心裡一驚，手裡的線，蹦的一聲斷了。

他倆恍然大悟：這兩年來，貞德變得不愛說笑，推掉一門不錯的親事，迷上了騎馬

和射箭，原來有這麼大的一個祕密藏在心底！

伊莎貝爾有一個不祥的預感：女兒會像聖女卡特琳、瑪格麗特那樣悲慘的死去。

晚餐禱告時，伊莎貝爾帶領全家祈求天主拯救法蘭西並保佑她的孩子。禱告完畢，她在胸前連連畫著十字，心頭感到一陣疼痛。

除了卡特琳，沒有誰去問貞德的下一步打算，倒不是擔心貞德會隱瞞，而是不知如何開口。有一道難題橫在那裡：誰能違背聖徒們的託付呢？誰能勸阻貞德的愛國行動呢？

傑克一下子憂慮得蒼老了許多，他對大兒子說:「你想過嗎？一字不識的鄉下姑娘怎麼能同尊貴的王子說上話呢？恐怕連這兒的總督也不肯見貞德呢！」

雅克皺著眉將父親的憂慮傳給了皮埃爾，皮埃爾皺著眉又傳給了熱昂，熱昂皺著眉又傳給了卡特琳，卡特琳皺著眉又傳給了貞德。

貞德聽了，沒有皺眉，反而笑了起來。

她對卡特琳說：「爹爹的憂慮提醒了我，我該先去找沃古勒城的總督，請求他給我寫一封公文，再派幾個兵，護送我去見王子。」

對呀，查理王子住在希農城，離杜列米村很遠，騎馬也得十來天。一路上關卡重重，各處都有勃艮第派和英國占領軍的巡邏兵。

於是，在一個月明星稀的夜晚，貞德悄悄踏上了光榮而艱難的救國之路。

她走出屋子，屋外的爬山虎已攀爬到了百葉窗上，她輕

輕的說：「再見了，我的親人！」

　　她走過馬棚，馬棚裡有輕微的響動，她輕輕的說：「再見了，我的棗紅馬！」

　　她走過小教堂，小教堂臺階上的扶欄老舊而光滑，她輕輕的說：「再見了，我的神父！」

　　她走出村子，村子裡有幾家還亮著昏暗的油燈，她輕輕的說：「再見了，我的鄉親！」

　　她走過草地，草地溼漉漉的，她輕輕的說：「再見了，我的羊群！」

　　她走上木橋，木橋咯吱咯吱響，她輕輕的說：「再見了，我的穆斯河！」

　　她走到山毛櫸下，山毛櫸默默無聲，她輕輕的說：「再見了，我的小天使樹！」

　　一隻小鳥輕輕落在貞德的肩上，貞德雙手攤開，讓牠停在手心。她低頭細看，是一隻

黃鸝鳥，上次見到牠，還是嫩黃的羽毛，肚皮下有條黑花紋，如今羽毛變成黃中帶綠，肚皮下那條黑花紋不見了。原來牠是一隻雌鳥。她輕輕的說：「再見了，我的小鳥！」

小鳥張開淡紅的小嘴，一聲又一聲的咕嚕，像是在回答她。貞德不願驚醒其他的小鳥，兩手輕輕一抬，送黃鸝鳥飛回枝頭。

她走到橡樹林裡，橡樹長得高大壯實，灰褐色的樹皮，黃褐色的花，一棵挨著一棵，像是排著隊向她告別。她輕輕的說：「再見了，我的橡樹林！」

貞德邁開腿往前走，忽然身後傳來窸窣聲，回頭一望，瞥見有個影子一晃。

她警覺的往下一蹲，那影子由一個變成了兩個，它們是那樣的熟稔！

「那不就是爹和大哥嗎?」貞德鼻子一酸,真想回身去擁抱他倆。那兩個人影,一瞬間閃進了樹叢。

貞德定了定神,強忍住淚,緊咬住嘴唇,繼續往前挪步,不再回顧。

伊莎貝爾本想讓女兒牽走棗紅馬,但估計貞德不肯,家裡的農活也離不開棗紅馬,就讓丈夫和雅克暗中跟隨女兒,在黑夜裡護送她上路。

此時,四周一片寂靜,明月的清輝流瀉下來,給橡樹林籠上一層薄薄的輕紗。

4

總督府

　　貞德背起包裹，告別家鄉。

　　她渡過三條河，越過三座山，到了沃古勒城。

　　果然不出父親所料，貞德不僅見不到總督的面，連總督府的臺階也邁不上。

　　「站住，往哪兒闖？」守門的衛兵挺起長矛，粗聲粗氣的喝問，將她攔在臺階下。

　　「我要見總督大人！」面對衛兵的凶相，貞德微微一笑，響亮的回答。

　　「笑話！怎麼一點兒規矩也不懂？總督大人是隨便讓妳這個鄉下丫頭見的嗎？」

　　「我從杜列米村來，有急事見總督大人！」

　　「拿緊急公文來！」衛兵向

她伸出手。

「事情緊急，哪有功夫寫公文？」

「那也輪不到妳這個鄉下丫頭，回去叫村長親自來走一趟！」

「村長就是我爹，可這事同他搭不上關係！」

衛兵不再理她，扭頭轉向別處。

第一天就這樣過去了。

第二天清早，貞德又來到總督府，大大咧咧的在臺階下盤腿而坐。「我就不信總督不出門，只要他出門，我就攔住他！」她想。

總督正在生悶氣，「這年頭，徵收捐稅真是苦差事，眼看期限已到，一半錢都沒有見影呢！」

貞德見不到總督的影兒，又纏上了守門的衛兵。她板起

臉說：「我的事情關係到國家的命運，你不讓我見總督大人，小心掉了你的飯碗！」

衛兵小心的問：「究竟什麼大事？說出來，我替妳通報進去。」

「笑話，怎麼一點兒規矩也不懂？國家大事是隨便對你這個小兵說的嗎？」

衛兵聽到鄉下丫頭照搬他昨天的話來取笑，就尷尬的進去請出文書。

文書踱著步出來，寬邊的帽子上插著漂亮的長羽毛，手裡拿著精緻的鼻煙壺，不住湊近鼻子聞著。

他打起官腔問道：「小小年紀倒管起國家大事，不怕打板子嗎？」

「你又不是總督大人，我不同你說！」貞德白了他一眼。

「對長官得有禮貌，妳唸

過書嗎？」

「你唸了那麼多書，怎麼不將國家大事擺在心上？」

「總督大人很忙，我是總督大人的文書，你同我說也是一樣的。」

「好吧，你聽著，我要去希農城見王子，請總督大人替我寫一張公文，再派幾個兵一路護送。」

文書覺得受了嘲弄，臉漲得通紅，扭頭訓斥衛兵：「你沒聽見她在胡言亂語？還不將這個瘋丫頭轟走！」

第二天就這樣過去了。

第三天清早，貞德去附近的教堂禱告。她又餓又傷心，跪在聖母瑪利亞像前哭訴。

她的禱詞驚動了教徒們：原來這個姑娘受了聖女卡特琳、瑪格麗特和天使長米伽羅的託付，挑起了拯救法蘭西的

重任。

萬般感動的教徒們擁著貞德來到總督府的廣場上。

衛兵看到這個鄉下丫頭居然號召了那麼多人，擔心鬧出亂子，不等貞德開口，就奔進去向文書報告。

文書出現了，他擺出架子，想壓下眾人的氣勢，可是沒有用。

人們你一言我一語，都是衝著他：

「你算老幾？快進去請總督大人出來！」

「你瞧瞧這個姑娘的眼神，活脫脫是個天使，快向她鞠躬吧！」

「別誤了大事，你還愣著幹啥？」

圍觀的人越來越多，街上堵塞起來，總督府前像過節一般熱鬧。

有人在歡呼，有人在禱告，有人在唱讚美詩。

眾人心裡同一個念頭：「感謝讚美天主，預言中那個拯救法蘭西的女人出現了，她是多麼年輕！」

當人們的視線集中在貞德身上時，貞德的注意力全放在總督府樓上那扇窗戶。

那扇窗悄沒聲息的打開了，那深褐色的窗簾微微抖動了一下。

貞德伸起食指，擋在噘起的嘴唇前，俏皮的朝人群噓了一聲。

頓時，廣場上靜了下來。

貞德仰起臉，對著樓上那扇窗喊了起來：「總督大人，別躲在窗簾後面，快出來吧！」

人們都很驚奇，總督大人真的躲在窗簾後面嗎？

貞德又向人們做了一個手

勢，她攤開雙手，有力的向上一抬，就像在小教堂裡指揮唱詩班那樣。

人們立刻明白貞德的用意，異口同聲嚷了起來：「總督大人，別躲在窗簾後面，快出來吧！」

站在臺階上的衛兵和文書都傻了眼，不知該怎麼辦。

總督羅伯特果真站在樓上的窗簾後，他為了聽得仔細，打開了窗，又為了看得清楚，將窗簾掀開一條縫。

他早就從衛兵和文書那裡知道有個鄉下丫頭來過兩次了，可是，他沒有心思見她，正為收不齊捐稅而煩惱：「老百姓哪裡交得起捐稅？這不都是英國佬和勃艮第派匪徒害的嗎？那個窩囊的王子只會躲在希農城裡苦中作樂！」

眼下，他只得披上盔甲，

穿上長靴，佩上寶劍，大踏步走出總督府，來到貞德面前。

他身材高大，滿臉鬍子，頭髮花白，聲音仍很宏亮:「哈哈，天使長米伽羅怎麼看走了眼，竟找上妳這個鄉下丫頭，妳下回見到他，叫他來找我，我才是帶兵的將軍！誰不知道，兩年前，我跟隨奧爾良公爵在蒙塔爾那個地方將英國佬打得落花流水！」

人群中不知誰大膽的丟出一句話:「尊敬的總督大人，預言裡說拯救法蘭西的是一個女人，可不是長鬍子的！」

貞德向羅伯特行了一個屈膝禮，「總督大人，請您為我寫一張公文，再派幾個兵護送我去希農城見王子。您是第一個幫助我的人，天主一定會記得您的。」

人群中又喧鬧起來，原來

住在五十哩外的一個大莊園主，親自牽來一匹黑色駿馬，恭恭敬敬將韁繩送到貞德手裡，他自稱是查理王子的一門親戚，「天主派來的少女，法國王室感謝妳！請牽上這匹馬吧，大鼻子認得我這匹馬，他要是不肯見妳，妳就騎上這匹千里馬，直衝進去！」

羅伯特鼻子裡哼一聲，「大鼻子算什麼？他還沒有在蘭斯大教堂裡加冕，哪裡稱得上是真正的國王呢！」

貞德沒有言語，心裡生出一股信心：「我會遵照天主的意願，幫助王子很快成為一個偉大的國王，沒有人再敢嘲笑他。老國王病成那樣，人們還照樣跟著呢！沒有了國王，法國還有什麼指望？」

這時，廣場上又冒出一群人。

　　貞德一見就撲了過去，原來是傑克帶著村民趕來了！

　　伊莎貝爾和雅克一左一右摟住貞德，貞德還在扭頭張望，伊莎貝爾說：「別找了，妳二哥、三哥沒有來，他倆正忙著幹一件要緊事呢！」

　　原來，杜列米村聽到沃古勒城傳來的消息，就由卡拉巴斯寫了一封聯名信，村上男女老少都捺了手印，擔保貞德是個虔誠的教徒，從不說謊。

　　總督羅伯特從傑克手裡接過聯名信，不僅答應貞德的請求，還願意讓她親自挑選士兵作為去希農城的護衛。

　　廣場上，人們抬起貞德，衷情的歡呼：

　　「法蘭西萬歲！」

　　「天主保佑法蘭西！」

　　這一天是 1429 年 2 月 23 日。

5

出　發

　　貞德躍上大莊園主送來的千里馬，頑皮的將韁繩遞給總督羅伯特。羅伯特乖乖的牽著馬，帶貞德去兵營裡挑選士兵。

　　士兵都爭著要護送「天主使者」去希農城。有的拍著胸，稱自己的射箭本領強；有的豎起拇指，誇自己的馬上功夫好。

　　羅伯特吼道：「你們這樣亂嚷嚷，真丟盡我的臉！少耍嘴皮子，比賽決勝負吧！」

　　貞德擺了擺手，爽快的說：「不用比武，誰不吸煙，不喝酒，天天禱告，我就帶誰走！」

　　一下子就有十幾個士兵擁到貞德跟前。

「誰會說英語?」貞德又冒出一句。

「我會說英語!」一個胖個子大聲回答,他見沒有人再應聲,就拉出身旁兩個士兵,小聲說道:「這兩個,也請妳挑上吧!」

「為什麼?」

「我們是同胞三兄弟,沒有一天分開過。」

「你們兄弟之間吵架嗎?」

「吵過架,但從來不打架。」

貞德那褐色眼睛裡透出笑意:「如果你說的是實話,我就收下你們三個。從今以後,我就喚你們大胖、二胖、小胖,好嗎?」

三兄弟樂得直點頭。

貞德在馬背上向羅伯特拱手行禮:「總督大人,這三個士兵就歸我了。謝謝您!」

羅伯特將韁繩交還貞德手裡，笑呵呵的誇獎她：「姑娘，妳真會挑人，不吸煙就不會在夜營時暴露目標，不喝酒就不會誤大事，天天禱告的小伙子就不會對姑娘油頭滑腦，會說英語就能在緊要關頭冒充英國佬。聰明的姑娘，祝妳好運！」

他關照文書替貞德起草給王子的公文，並送上斗篷、絲絨衣服、高筒靴和佩劍。

當貞德打扮一新，伊莎貝爾看得呆了，她用顫抖的手一遍遍撫摸女兒的額頭，拿出隨身的剪子，替女兒剪短頭髮，使她看上去就像一個小伙子。

伊莎貝爾將剪下的那絡長髮揣在懷裡，傑克依依不捨擁抱女兒，雅克拉著妹妹的手含淚叮囑：「王子的身邊一定有人搬弄是非，說不定還會暗藏著勃艮第派的奸細，妳千萬要小

心，我會天天為妳禱告。」

終於，四匹馬嘶鳴著，一躍而起。貞德帶著大胖、二胖和小胖上路了。馬蹄翻飛，揚起灰塵，奔向遠方。

第二天正午，他們剛踏入勃艮第派的占領區，就遇上了哨兵。

那哨兵盤問了幾句，就將他們當成自家人：「別見怪，這是上頭的命令，對每個陌生人都得提防。誰逮到那個去希農城求見王子的杜列米村的姑娘，誰就會有一大筆賞金！」

可是，他們遇上的第二個哨兵兇巴巴的攔下他們，還掏出了報警的竹哨子。說時遲，那時快，大胖一個箭步上前奪下竹哨子，二胖噗的一聲甩出長矛，捅死了哨兵。

貞德掩住臉，失聲喊道：「天哪，你們殺死了他！」

　　大胖嘴一撇，哼了一聲：
「難道眼看他吹哨子，等著做
俘虜嗎？膽小鬼！」

　　貞德暗自慚愧，嘴上卻不
服氣：「我只是可憐他的家人，
下一回，你們都別動，看我出
手。」

　　四匹馬揚蹄奔了一陣，遠
遠又見一個哨兵。

　　貞德第一個下馬，大胖、
二胖和小胖跟著下馬，他們很
快將馬拴在林子裡。

　　四人走到哨兵背後百步遠
時，貞德瞪了大胖一眼，從樹
後閃出，跳上了小路。

　　她兩手空空，背對著哨
兵，哼起了歌兒：

小天使樹上，小鳥歡唱，
黃泥巴坡下，花兒開放。
爹種田，娘織布，
我幫爹娘放牛羊。

羊兒白，牛兒壯，
我騎上馬兒去牧場。
小教堂鐘聲悠揚，
穆斯河靜靜流淌。
嗨呀呀，這就是杜列米村，
我那美麗的家鄉！

哨兵被歌聲吸引，回過身，悄悄逼近貞德。貞德並不回頭，一邊唱，一邊走，將身後的哨兵誘到胖子三兄弟藏身的大樹旁。可憐那哨兵，剛走近大樹，就被收拾了。

「妳太大膽了，萬一那傢伙傷了妳，我們怎樣向總督大人交代？」大胖第一個埋怨貞德。

貞德咯咯笑個不停，笑夠了才一本正經的說：「哨兵太多，我們得白天睡覺，晚上趕路。」

四個人將馬匹用布罩住

嘴，包上蹄，日宿夜行。第四天晚上，他們被一群巡邏兵團團圍住。

貞德使了一個眼色，大胖虎起臉用英語罵了敵人一通。那小頭目顯然聽得懂幾句，連忙讓出路來，還不住用結結巴巴的英語賠罪：「小的該死，冒犯了英軍閣下，請原諒小的有眼無珠。」

第五天晚上，四人趁著月色，快馬加鞭。

奔著，奔著，貞德餓了，覺得那月亮真像是娘烘出來的玉米餅，而那繞著月亮的幾顆星星，又像是爹熬出來的亮晶晶的糖豆子。「爹娘，你們睡得好嗎？只怪女兒的心裡擺了法蘭西，就擺不下你們了，你們要多保重！」

第六天清晨，他們找了一個山洞歇息。

　　貞德堅持坐在洞口警戒，三兄弟一致反對：「我們奉命護送妳，理應由我們放哨！」

　　貞德拗不過，就摸到山洞的最裡面，倒頭睡下。

　　三兄弟輪流站崗，輪到小胖，小胖睏得閉上了眼。

　　一群巡邏兵發現了藏在林子裡的四匹馬，又見馬蹄和馬嘴都用布緊緊包著，就起了疑心，仔細搜索，找到了那個山洞。他們不敢靠近，遠遠的向洞裡放箭，還怪叫著：「快出來投降吧，你們被包圍了！」

　　貞德和胖子三兄弟驚醒了，又急又氣，束手無策。

　　不料，洞口的敵人忽然哭爹喚娘亂成一團：「哎呀，我的眼睛射瞎了！」「不得了，快逃命吧！」

　　貞德跳起來，握緊長矛衝出去，她眼前一亮，看到了皮

埃爾、熱昂和辛德瑞拉家的獨耳朵，還有一輛馬車，車轅上坐著卡拉巴斯。十幾個巡邏兵都已逃散。

原來，獨耳朵和卡拉巴斯聽說皮埃爾和熱昂要去總督府見貞德，鐵了心要跟著去。獨耳朵的理由很簡單：他要報仇，要跟著貞德去打仗。卡拉巴斯的理由很充分：他是活地圖，能避開巡邏兵，抄小路去希農城，又近又安全；他又能幫助貞德起草招降書、挑戰書。

四個人連夜將馬車修結實，大清早上路，不僅追上了貞德一行，還替他們四人解了危難。

於是，貞德將自己騎的千里馬套上馬車，卡拉巴斯帶路，獨耳朵駕車。馬韁繩一抖，鞭子一揮，馬車骨碌碌行

駛起來。

貞德湊近卡拉巴斯問道：
「老爹，英國佬的長箭真的很長嗎？雲梯究竟有多高，爬上去摸得到雲彩嗎？投石機能將大石頭丟出多遠呢？」

可是，卡拉巴斯卻打著呼嚕睡著了。

幾天後，當羅亞河橫在前面，他們一個個歡呼起來，結束了四百五十英里的行程。

6 王子行宮

希農城裡，一座花崗石疊成的尖塔城堡聳立在丘陵上，這就是查理王子的行宮。

1429 年 3 月 8 日，查理王子正和大主教蘭姆斯、宮廷侍衛長托雷姆一行行的琢磨沃古勒城總督羅伯特交給貞德的那封公文，他們神情專注，生怕遺漏了一個字。

查理王子對著公文吹了口氣，彷彿想將它變成另外一樣東西。「就怕這個鄉下丫頭是羅伯特調教出來糊弄我的，我早就知道他打從心底裡瞧不起我。」他皺著眉說。

大主教蘭姆斯不緊不慢的說:「請王子殿下放心，我會找幾個神學教授和僧侶組成一個調查團，再成立一個大法庭，

專門審查這件事情。」

王子那雙憂鬱的眼睛定定的瞅著大主教，可是，他也知道大主教的臉上從來不會透露心裡的祕密，就無奈的將眼光移到雕刻在牆上的白色百合花。

大主教倒是猜出了王子的心思，他先唸了《聖經》上的幾段警句，然後安慰王子:「這件事得慢慢的來，殿下不用煩惱，也不可急躁，但願這個丫頭真是天主派來的。我不只一次提醒過您，仁慈的天主是萬能的，他不會眼看著法蘭西受難的。孩子，感謝天主的恩惠吧！」

王子抬起臉，直視著大主教的眼睛，感動的說:「父親，我在聽你說呢，你說得對極了，我應該振作起來，不會再有流亡國外的念頭，願天主保

佑我，保佑法蘭西！」

每當大主教提起《聖經》或天主，王子就得稱他為「父親」，而大主教也就順順當當稱他為「孩子」，彷彿二十六歲的王子還沒有長大似的。

這就是他們兩個人關係十分微妙的地方。其實，王子是十分願意大主教口口聲聲稱他為「殿下」，直至有一天會稱他為「陛下」，畢竟他是法蘭西的頭號人物。

這時，輪到宮廷侍衛長托雷姆說話了:「那就讓我傳那個鄉下丫頭進來吧。她的真假，我倒是有辦法測出來。王子殿下，您願意將王冠給我戴一會兒嗎？她要是錯認我是王子殿下，那就決不是天主派來的使者，我就馬上派人去抓那個混蛋總督羅伯特，替您出氣！」

王子厭惡的瞥了一眼托雷

姆那油膩的頭髮，猶豫了一會，很不情願的脫下王冠，離開了座位。他的座位上也雕刻著白色百合花，那是法蘭西的國花。

托雷姆樂滋滋的戴上王冠，坐上寶座。他的坐相其實很滑稽，兩手緊緊按住扶手，好像擔心隨時會滑下來。周圍的大臣看在眼裡，嘴角都掛上一絲冷笑。

於是，大臣們一排排站開，巨形的蠟燭一支支點上，整個大廳輝煌無比。

貞德單獨走進了大廳，她瞇起眼打量著。哇，螺旋形的階梯、光滑的大理石地板、鑲在牆上的七彩玻璃，從來沒有見過這樣華麗的大房間。

當貞德打量著大廳，大廳裡所有的人都打量著她，嘿，那一頭剪短的男孩似的髮型，

那一身黑色天鵝絨的男裝，從來沒有見過這樣打扮的鄉下丫頭。

托雷姆晃了晃身子，傲慢的向貞德招手。

貞德看到他頭上的帽子很特別，綴滿珠子，光彩熠熠，也看到周圍有人朝她扮鬼臉。「我可不是來同你們玩遊戲的！」她心裡想著，眼睛往一張張臉看過去，只有兩張臉是一本正經的，一張臉上滿是皺紋，另一張緊挨著的臉上長著一個大鼻子。

她果斷的邁開步子，在長著大鼻子的年輕人跟前站住，跪下，抱住他的膝蓋，叫道：「尊敬的王子殿下，我終於見到您了，我真高興！」

周圍響起一片驚嘆聲。

「妳真的高興嗎？」查理王子聳了聳大鼻子，瞅了一眼坐

在那兒發呆的宮廷侍衛長，「可是，有人會失望呢！」

托雷姆趕緊離開座位，恭敬的將王冠捧還給王子。

「我當然高興囉！」貞德站起身來，臉上露出真誠的笑容，「以前，村裡人老是替您擔心，擔心老國王的病會傳給您，沒想到您不瘋也不傻，還會同我捉迷藏呢！嘿，這下，法蘭西有希望了！」

王子並沒有因為她的直率而生氣，反而感激的說:「謝謝妳在那麼多人中間一眼認出了我，這證明外邊的流言多麼荒謬，居然有人胡說我是母后的私生子！」

他得意洋洋的向眾人掃了一眼，「如今，你們都相信了吧，我實實在在是查理六世的兒子，百分之百的王位繼承人！」

　　宮廷侍衛長媚笑著，別的大臣也紛紛點頭，表示祝賀。大主教面無表情，注視著貞德。

　　王子戴上王冠，遲疑了一會，盡量不去看大主教的臉，聲音有點不自然的說：「請各位退下，我要同天主派來的少女單獨說幾句話。」

　　眾人陸續離開，大廳裡僅剩下王子和貞德。

　　王子看著貞德褐色的眼睛，急切的問道：「妳真的是天主派來幫助我的嗎？沒有騙我嗎？」

　　貞德輕鬆的笑了，「我當然是奉了天主的使命，我怎麼會騙您呢？」

　　王子的表情有點奇怪，吞吞吐吐的說：「妳即使騙我，我也不會怪妳，我還會替妳守住祕密。」

「最早替我守住祕密的人，是我的妹妹卡特琳。現在，我的祕密已經公開了，那就是我見到天使長米伽羅、聖女卡特琳和瑪格麗特，還聽到他們的聲音。」貞德快活的說著，還向王子建議，「當教堂的鐘聲響起時，要閉上眼睛仔細的聽，那最後一記鐘聲在天空停留的時間最長，如果集中心思，也許會聽到天上的聖徒在輕輕說話呢！」

當王子挽著貞德的手出現在大廳的門口，大臣們吃驚的張大嘴說不出話來。因為，這種禮遇是僅對於王室成員的。

貞德一行剛離開王子行宮，大主教蘭姆斯就火速派出一個調查團去杜列米村，瞭解貞德的身世和品行。

一個星期後，調查結果出現了：「貞德的身世清白，品行

端正，她及家人同村民的關係良好。」

大主教又召集神學教授、法學博士、議員和僧侶，組成最有權威的普瓦提埃法庭，一天連著一天的審查貞德。

在法庭上，貞德鎮定從容，應答如流。

「既然妳是天主派來的，為什麼至今沒有奇蹟出現？」

「派我帶兵去解救奧爾良城，奇蹟就會出現！」

「既然天主是萬能的，妳為什麼還要帶兵去奧爾良城？」

「天主從來不稱讚懶漢和膽小鬼，勇於獻身的法蘭西兒女才會得到天主的賞識！」

贊成貞德的一方想借助她「天主使者」的威望激勵士氣，解救奧爾良城。反對貞德的一方擔心她毫無作戰經驗，萬一全軍覆沒，法國將全面投

降。

　正在這時，被圍困五個月的奧爾良城派出代表，冒著生命危險趕到希農城，懇求查理王子准許貞德率兵援救奧爾良軍民。

　4月21日，普瓦提埃大法庭在奧爾良城代表的催促下作出了裁決：「本法庭認為：貞德是一名虔誠的天主教徒，一切言行均符合教義，包括她的裝束也是無可指責的，女扮男裝是為了她要完成軍人所擔負的任務。王子殿下可以考慮接受貞德的建議，這符合天主的旨意。」

　4月22日早晨，城堡廣場上，宮廷傳令官用銀槌子敲擊銅鑼，宣布查理王子的決定：任命貞德為奧爾良援軍總司令，授與官銜、薪俸和一切權威，並任命王室的親王阿蘭松

公爵為貞德的副官。

衛兵肅立，細長的銀色喇叭齊鳴。

查理王子來到廣場上，彎下腰去吻貞德的手，並命令他的儀杖隊手持火炬護送貞德一行回到住處。

卡拉巴斯、皮埃爾、熱昂、大胖、二胖、小胖和獨耳朵都為貞德感到驕傲，爭著同她擁抱。

沿途觀看的人群也忘情的向貞德歡呼。

7 總司令

民眾的歡呼浪潮消退後，貞德同她的七個親密伙伴聚在一起，討論出征前應做哪些緊要的事情。

思索一陣後，貞德第一個開口：「對我來說，緊要的事情是縫製一面軍旗。軍旗高高飄揚，軍隊就不會迷失方向。軍旗揮向哪裡，軍隊就奔向哪裡。」

胖子三兄弟雙腳併攏，挺直身子喊道：「報告總司令，緊要的事情是招兵買馬。打仗嘛，兵越多越好。」

貞德的兩個哥哥也跟著原地立正，大聲說道：「報告總司令，緊要的事情是替妳尋找一把鋒利無比的劍。敵人見了妳的利劍，就會心驚膽戰，魂飛

魄散。」

　　獨耳朵稍稍提起左腳跟，狠狠敲擊右腳跟，站得筆挺，急巴巴的說：「報告總司令，緊要的事情是替妳尋找一副堅硬的盔甲和一匹健壯的馬。總司令要擺出威嚴，才管得住千軍萬馬。」

　　卡拉巴斯有樣學樣的挺起乾癟的胸脯，清了清嗓子說道：「報告總司令，緊要的事情是起草一份勸降書。敵人見了我們不戰而降，最後勝利的日子也就不遠了。」

　　嘿，竟有那麼多緊要的事等著去做呢！貞德笑了：「為了法蘭西，讓我們分頭準備吧！」

　　貞德靜下心來，認真想軍旗的式樣和圖案。她挑選了一塊精密細緻的白棉布，裁剪成一面細長的三角形旗子，在旗子的下方縫上白絲線紮成的穗

帶。然後，她找來一個畫匠，吩咐他在旗子的兩面分別畫上耶穌的像和法蘭西的王冠。

一面莊嚴美麗的軍旗終於完成了。軍旗的正面，耶穌坐在雲端，左右各跪著一個天使，上邊綴著「耶穌、瑪利亞」的字樣。軍旗的反面，兩個天使捧著法蘭西王冠。貞德一遍遍的撫摸著，忍不住流出激動的眼淚。

她舉起軍旗，興沖沖去找獨耳朵。

獨耳朵牽著一匹光燦燦的白馬，白馬馱著一副亮閃閃的盔甲。

那匹白馬一見貞德，就噠噠噠跑了過來，親熱的圍著她轉，好像認識她似的，抬起頭歡快的嘶鳴，似乎在說：「我的新主人，快試試新盔甲吧！」

貞德穿上盔甲，非常合

身，簡直就像為她訂做的。

獨耳朵告訴貞德，這兩樣寶貝得來全不費功夫，都是查理王子命宮廷侍衛長托雷姆送上門的。那匹白馬是王子平時最愛騎的，那副盔甲是用最上等的鋼鐵鑄造的，還鍍上了一層銀。

貞德騎上白馬，舉起軍旗，同獨耳朵一起去找皮埃爾和熱昂。

皮埃爾和熱昂瞧見貞德有了軍旗，獨耳朵得到了白馬和盔甲，心裡很不是滋味，因為跑遍了兵器鋪卻找不到一把中意的劍。

貞德說：「別難過，讓我們禱告吧！」

他們一起去了聖卡特琳修道院。

貞德跪在祭壇前，喃喃的說：「尊敬的天上的神──聖女

卡特琳、瑪格麗特和天使長米伽羅：我的兩個小哥哥認為出征前最要緊的事是替我找一把鋒利的劍，卻不知道那把劍在哪兒。我的天上的神，別讓他倆手裡空空，心裡難過，滿足他倆的願望吧，我多麼希望他倆的臉上現出笑容。說句心裡話，我很想要一把利劍，利劍一揮，侵略者的軍旗落地！我向祢們保證，我會用那把利劍，擊退英國佬，保衛法蘭西！」

禱告完畢，貞德向修女借了四把鐵鏟，在修道院後面的空地挖掘起來。

挖呀，挖呀，他們挖得手上起泡，頭上冒汗。

忽然，叮噹一聲，四把鐵鏟都鏟了，他們真的挖到了一把好劍，劍柄上雕刻著五個黃金十字架。

大街上走來一個鐵匠，他看到這把劍，就叫了起來:「嘖嘖，這是一把名貴的劍，法蘭西國王查理一世當年用過的利劍！」

大街上又走來一個織匠，他用金絲綢和紅絲線，做了一個漂亮的劍鞘，送給貞德。

大街上又走來一個皮匠，他做了一個結實耐用的皮質劍鞘，送給貞德。

貞德左看右看，很中意織匠送的劍鞘，哪個女孩子不喜歡金絲綢和紅絲線呢？可是，她看到自己一身戎裝，就不再猶豫，俐落的將寶劍插入皮匠送的劍鞘，抬起頭來，向著雲天默禱：尊敬的天上的神，我一定要用您給我的聖劍，打敗英國佬，保衛法蘭西！

貞德佩上劍，騎上白馬，舉起軍旗，同獨耳朵、皮埃爾

和熱昂一起去找卡拉巴斯。

　　卡拉巴斯緊繃的臉上掩不住得意的神色，他嘶啞的唸起以貞德的名義寫下的勸降書：

　　「英格蘭國王和你——自稱是攝政王的別福特公爵：我以天主使者和奧爾良援軍總司令的名義，奉勸你們放下武器，立即投降。

　　「如果你們交出在法國奪取的各個城市的鑰匙、珠寶和財物，並付出足夠的賠款，我就放你們一條生路，讓你們的士兵回英格蘭和家人團聚。

　　「請轉告勃艮第公爵菲力普親王，如果他願意投降，我同樣給予寬大，決不為難他的士兵。

　　「如果你們不相信我是天主派來的使者，不聽從我的勸告，你們就得小心了。你們的弓箭手、炮手、騎士、步兵和

軍官們，包括叛國求榮的勃艮第派匪徒和你們自己，都將受到我的軍隊的攻擊，你們會哭爹喚娘，掉了胳膊斷了腿，甚至丟了性命。

「我是天主派來收復國土的，這是我的神聖職責。老實說，侵略者休想在我的國土上站住腳，如果你們硬是賴著站下去，我就索性讓你們站個痛快，統統站到法國的監獄裡去，見不到陽光，呼吸不到新鮮的空氣。

「我還要順便捎給你們一個好消息：法國的查理王子即將正式繼承王位，成為光榮的查理七世，這是天主的旨意，並通過我，明白的傳達給王子，王子相信我率領的軍隊必將創造從未有過的奇蹟。

「法蘭西萬歲！

貞德・達庫」

　　貞德同她的伙伴們聽了，用力鼓掌，並要求老爹再唸一遍。

　　貞德收下勸降書，騎上白馬，舉起軍旗，帶著伙伴們去找胖子三兄弟。

　　胖子三兄弟在新兵招募站忙得團團轉。成群結隊的人趕來報名，其中包括一聽到打仗就心慌意亂的王公貴族和多年來灰心喪志的沙場老將。當然，最多的是農民和城市貧民。

　　還有許多兵器匠、馬蹄匠、車輪匠、理髮匠、鐵匠、鞋匠、織匠和皮匠，自動趕來幫士兵們幹活，分文不收。

　　貞德看在眼裡，喜在心上，她又招呼七個伙伴去王子的軍營巡視。

　　天快黑了，軍營裡升起了篝火。在火光的映照下，各個

帳篷人影閃動。

有的帳篷裡，有人在喝酒，喝醉了的就胡言亂語；有的帳篷裡，有人在賭博，賭輸了的就撒潑耍賴；有的帳篷裡，有人在唱下流歌，講下流故事。

貞德嘆了一口氣，大聲問伙伴們：「在出征前，究竟哪一件大事得趕緊辦成？」

「整頓軍紀！」伙伴們齊聲回答。

貞德騎著白馬，舉著軍旗，登上高處。

軍營裡的士兵們發現了貞德，被她堅毅的眼神和亮麗的裝束深深吸引。她那閃亮的銀色盔甲、雕飾著黃金十字架的寶劍、一塵不染的白馬、莊嚴美麗的軍旗，真是一個神聖不可侵犯的天使啊！

頓時，軍營裡鴉雀無聲。

一會兒，響起了貞德嚴肅的聲音：

「我是從杜列米村來的貞德‧達庫，為了祖國的明天，我甘願獻出自己的生命。

「我所率領的軍隊應是正義之師，可是，像你們這副模樣，同勃艮第派匪徒又有什麼區別？明天打起仗來，逃跑的不是敵人，而是你們。你們會使我抬不起頭來，也會使王子失望，更會使法蘭西蒙羞！

「此時此刻，我打從心裡不願意聽到你們喊我『總司令』！我真的非常吃驚，非常難過！」

接著，貞德宣布了幾項紀律：不准喝酒，不准賭博，不准吵架，不准說下流話，不准唱下流歌，違者一律禁閉三天。

從此，王子的兵營面目一

新，士氣大振。

4 月 27 日，貞德率領六千大軍，唱著讚美詩，向奧爾良城進發。

奧爾良城

　　奧爾良城矗立在羅亞河的北岸，位於巴黎西南一百一十公里，四周有高牆，牆外有深溝。城裡，高塔、鐘樓密布，還有一眼望不到邊的樹林和葡萄園。

　　這個美麗而又寧靜的城市，在 1428 年遭到了英軍的圍困。

　　10 月 21 日，英軍司令官索洛勃率領千人騎士團和四千名弓箭手，攻下了羅亞河南岸的都爾城。可是，這位驕傲的將軍當晚登上高塔瞭望對岸奧爾良城時，被奧爾良市民義勇軍的一發憤怒的炮彈送回了老家。

　　新上任的英軍司令索夫科既狠毒又狡猾，他命令士兵築

起十二個大堡壘，像一道嚴實的包圍圈，封鎖住所有的城門，又命令士兵挖掘通往城內的地道，準備偷襲。

奧爾良城的軍民苦苦死守，幾個月下來，糧食越來越少，只能殺馬充飢。

放大鏡

＊**鯡魚戰役** 鯡魚是一種海魚，扁扁的，三公寸長，魚鱗粗大，口闊，下顎骨突出，背部青藍色，腹部銀白色。

1429 年 2 月 14 日，英軍指揮官約翰‧法斯朵夫率領二千五百名士兵，運送三百輛車的鯡魚，急急趕往奧爾良城。

這批鯡魚是作為四旬齋的禮物，去慰勞圍困奧爾良的大批英軍。四旬齋是復活節前四十天的長齋，非星期日須齋戒和懺悔，以紀念耶穌在荒野禁食。

奧爾良受困多日，食品奇缺，司令官迪諾亞伯爵便命令軍官克萊蒙去攔截這支鯡魚運輸隊。

約翰‧法斯朵夫見克萊蒙的軍隊有四千多人，便急中生智，讓士兵們藏身在三百輛車後，伺機而出。克萊蒙誤以為對方僅五百人，就有了輕敵之心。

兩軍相接，英軍突然從車後襲擊，拉弓射箭，法軍措手不及，紛紛倒地。克萊蒙棄城而逃。

這次戰役，使奧爾良軍隊士氣大喪，而英方加緊包圍，3 月10 日占領奧爾良東面的聖魯市，3 月 20 日在北面建立倫敦要塞，4 月 7 日在西面建立盧昂和巴黎要塞，4 月 20 日占領附近的奧古斯都。

就在這個危急的關頭，貞德的大軍從天而降！

1429 年 4 月 29 日晚上，大雨滂沱，圍在東門外的英國佬被豆大的雨點擊得睜不開眼。忽然，一道白影從頭頂躍過，他們還來不及拉開弓，那白影已帶著馬的嘶鳴和少女的歡笑，箭一般進了東門！

他們像著了魔似的，呆在雨幕裡，眼看著黑雲一般的騎兵跟著白影掠過。這不是天兵天將嗎？

市民們高舉火把，夾道迎接貞德進城，到處響起歡呼聲：奧爾良姑娘！奧爾良姑娘！

第二天，貞德同奧爾良司令官迪諾亞伯爵會面，並派遣二胖、小胖去都爾城遞交勸降書。

誰料到索夫科不僅冷笑著

撕碎了勸降書，還命人亂棍打死了二胖、小胖。

大胖聽到兩個弟弟遇難，痛心得暈了過去。卡拉巴斯搥胸頓足喊道：「都是我寫的勸降書惹的禍！都是我害了二胖、小胖！」

貞德一言不發，舉起軍旗，騎上白馬，帶著胖子三兄弟招募來的新兵衝出了城。

火光沖天，磚石紛飛，硝煙瀰漫，天地顫動。刀劍在撞擊，火炮在吼叫，戰馬在嘶鳴，兵士在吶喊。

貞德和新兵很快被英軍包圍，緊跟著衝出城的王子軍營的老兵、迪諾亞伯爵的士兵和市民義勇軍又將英軍包圍。

「兩軍相逢勇者勝」，三個小時之後，英軍敗退了。

貞德將軍旗插上了英軍的桑魯堡壘，放眼四望，到處是

血肉模糊的屍體，有斷臂缺腿的、有面目燒焦的、有胸口中箭的、有身首離異的。她鼻子發酸，真想大哭一場。迷迷糊糊的，她看到了二胖、小胖的身影，她知道是幻覺，人死不能復生，大顆大顆的眼淚終於流了出來。

她想：如果有一種弓箭，能將所有的不快活牢牢的釘在牆上，那該有多好！如果有一種炮彈，能將大地砸出一個大窟窿，將所有的悲傷都深深的埋進去，那該有多好！

這時，她的耳邊響起一個熟悉的聲音：「這次你逃不掉了，我一定要割下你的耳朵！」

她到處尋找，原來是獨耳朵在俘虜群裡發現了大頭疤，正揪住他的右耳朵怒罵。

貞德趕緊制止，並頒布一項命令：不准虐待俘虜，違者

禁閉三天。

　　血流成河，屍積如山。貞德的副官，即親王阿蘭松公爵膽怯了，他不顧貞德的反對，下令關閉城門，嚴禁士兵們出城作戰。

　　5月7日，貞德舉起軍旗，騎上白馬，帶著五個最親近的伙伴，來到緊閉的城門前。守門的軍官不敢開門，說是奉了阿蘭松公爵的命令，誰都不准出城。

　　貞德厲聲問道:「我是總司令，軍隊聽從我的指揮。如果你有王子新的命令，請給我看!」

　　守門的軍官只得讓開，貞德一馬當先衝出城去，跟在後面的數千人馬一陣風似的跟了出去，其中包括王子軍營的老兵。貞德的褐色頭髮隨風飄拂，銀鎧甲閃閃發亮。

　　到了都爾城下，弓箭手排成方陣，向城上密集射箭，逼得城牆上的英軍不敢露臉。

　　幾十個老兵推來了幾門鐵製的大炮，每門大炮長五、六尺，重五、六百斤。老兵們將黑色火藥和鐵彈丸裝進炮膛，點燃引線，大炮就一齊怒吼，一發發鐵彈將城牆炸出一個個窟窿，有的飛過了城頭，在敵群中轟響。

　　又有更多的老兵推來了幾架巨大的雲梯。每架雲梯都用大木頭做成底座，下面有六個車輪，上面有兩座兩丈長的大梯子，梯子上裝有滑輪，便於升降。底座的四周圍上了牛皮帳子，老兵們躲在帳子裡，將雲梯搖搖晃晃推到城牆腳下，再將梯子貼著城牆豎立起來。

　　在貞德的眼裡，那些大炮就像野蠻的怪獸，不斷的噴出

火光和濃煙，還不斷的吼叫，大發脾氣；那些雲梯就像喝醉酒的巨人趴在城牆上，不斷的向上伸長頭頸，像要嘔吐的樣子。

她飛馬上前，猛勒韁繩，白馬前腿騰空，咴咴長嘶幾聲，原地轉了一圈。貞德翻身下馬，躍上雲梯，第一個攀了上去。

獨耳朵緊跟著貞德登上雲梯。士兵們啣著尖刀，攀著雲梯魚貫而上。

這時，弓箭手不再射箭，炮手不再發炮，怕誤傷了雲梯上的自家人。

狡猾的英軍趁這空隙冒出頭來，拚命向城下射箭，並推下檑木和石塊，雲梯上的士兵們一個個滾落下來。

這時，有一張弩弓射出一箭，直向貞德飛來。弩弓是一

種利用機械力量射箭的弓，射出的箭特別有力。這一支箭穿透了貞德的盔甲，射中了她的肩膀，血直湧出來，很快將銀色盔甲染成了鮮紅色。

貞德痛得一陣搖晃，緊跟著的獨耳朵不知從哪兒生出的力氣，一手托住往下墜的貞德，一手拉住雲梯，一級級往下退。

城頭的英軍見貞德中箭，快活得狂叫起來，都以貞德為目標，箭鏃像雨滴一般飛下來。

獨耳朵已下地，立刻背起貞德，轉過身來，用胸膛去抵擋亂箭。剎時，他的肩上、胸口、腹部都插滿了箭，遠看就像一隻刺蝟。

皮埃爾和熱昂衝上前去，搶起貞德奔向敵人射不到的死角。

貞德甦醒過來，聽到了最不願聽到的催促撤退的軍號聲，憤怒得不顧後果的拔出那支箭，並示意兩個哥哥扶起她，讓她重新舉起軍旗。

戰場上轉敗為勝，往往由意外事件促成。法國兵看到總司令又舉起軍旗，聽到號兵又吹起衝鋒號，熱血沸騰，士氣大振。英國兵看到「妖女」復活，心驚膽戰，軍心動搖。

在貞德舉起的軍旗前，法國兵蜂擁的不顧命的往前衝，英國佬兵敗如山倒。

第二天，英軍逃得一個不剩。勝利了的法國人燒毀了敵人留下的堡壘，天空通紅一片。

貞德由兩個哥哥扶著，去探視受傷的官兵。她請卡拉巴斯將傷員的姓名一個個記在功勞簿上，「我會奏請王子殿

下，為你們論功行賞。」被問到姓名的傷兵都感動得熱淚盈眶。

最後，她流著淚拉住大胖的手，充滿感情的說:「記得你在護送我去希農城的路上罵過我，我多麼希望你再狠狠罵我一通！你跟著我的兩個哥哥一

🖊 放大鏡

＊雅古爾戰役　1429 年 6 月 11 日上午，貞德率軍攻擊奧爾良北面的軍事重鎮雅古爾。雅古爾由英軍司令官索夫科伯爵和他的兩個兄弟率領七千名精兵駐守。

當天中午，貞德的軍隊占領雅古爾外圍工事。當晚，貞德口授招降書，答應放下武器的敵人可帶走馬匹。

索夫科要求寬延十五天，實際是為了等待托斯科夫爵士的五千人援軍。貞德不同意，但答應對方若在一個小時內投降，可帶走隨身的武器。愛面子的索夫科仍是拒絕。

12 日上午，貞德發起總攻擊，數十門火炮齊轟，貞德登上雲梯，被城牆上滾下的巨石擊暈，清醒後仍登上雲梯，士氣大振，激戰一個小時，英軍陣亡一千多人，索夫科也被活捉。

索夫科很傲慢，聲稱只向「奧爾良姑娘」低頭，否則寧可死。貞德親自接待了這個奧爾良戰役的手下敗將。

索夫科的一個兄弟頑抗到底，被亂軍擠下吊橋，淹死在護城河裡。

索夫科的另一個兄弟嫌捉住他的法國軍官配不上他的高貴身分，執意替這個法國軍官當場舉行騎士授勛儀式。這真是戰爭史上很滑稽的場面。

起離開吧，替我護送死了的獨耳朵和生病的卡拉巴斯老爹回家鄉去。」

大胖執拗的說：「妳既然在總督府的軍營裡選中了我，今天怎麼可以丟下我呢？我一定要跟妳在一起，永遠不分開！」

「不，你的任務早在護送我到希農城的那一天就完成了，我注定要單獨去面對命運！」

還是那一輛車，獨耳朵的遺體搬上了車，卡拉巴斯傷心的坐在車後。大胖、皮埃爾和熱昂騎著馬跟在車後，他們無法違抗總司令的命令。

拉車的那四匹馬依舊油黑發亮，抖動著鬃毛，兩隻前蹄不停的刨地，想掙脫韁繩親近貞德。

貞德含淚揮手送他們遠去。

放大鏡

＊**特魯瓦戰役** 1429 年 7 月 4 日，查理王子和貞德率領二萬一千名士兵開往蘭斯途中，來到了特魯瓦。

駐守的英軍見對方沒有配備火炮，就拒不投降，一心等待巴黎方面的援軍。

貞德想到當年屈辱的特魯瓦和約，心裡氣憤，命令士兵運來一萬二千綑柴草，從護城河溝一直堆到了城牆上。

英軍慌了，第六天開門投降。

貞德心地善良，允許放下武器的敵人可攜帶隨身財物，從指定的城門走出來。

哪裡知道，幾乎每一個英軍士兵都揹著沉重的大口袋，大口袋裡裝的不是金銀財寶，而是被綑綁的法軍戰俘！

中世紀的歐洲有一項野蠻的規定：戰俘等同於奴隸，生死權歸俘獲者所有。戰俘繳付贖金，才可恢復自由，如等不到家屬籌措贖金，就往往被慘殺。

此刻，勝利的法國人怎能眼睜睜看著被打敗的敵人劫走失去自由的戰友呢？這不是再一次在特魯瓦受辱嗎？

貞德無奈，只得勸說查理王子當場贖買所有的法國戰俘，狡猾的英軍又趁機哄抬戰俘的贖金。

這真是戰爭史上的一椿怪事！

9 蘭斯大教堂

　　1429 年 7 月 17 日凌晨，蘭斯大教堂高聳的塔樓裡，一個擦玻璃窗的小妞和一個抹地板的老漢，穿著簇新的衣服，一邊幹活，一邊嗑牙聊天。

　　小妞攀在窗臺的裡側，用抹布仔細的擦著窗格子。她探出頭往下看，驚喜的嚷道：「嗨，每一條街上搭起了牌樓，每一幢房子插上了彩旗，每一扇窗口擺出了鮮花，今天真像過節呢！」

　　老漢有點疲軟的拄著拖把，笑著糾正她：「傻小妞，今天不就是一個大節日嘛？百年來頭一遭的大喜事，那麼多人忙乎了一個通宵，不就是為了迎接貞德姑娘和王子殿下嗎？」

　　蘭斯城確實忙乎了一個通

宵，這裡鎚子叮叮噹噹，那裡油漆桶乒乒乓乓，還有等不及的小孩子咚咚咚擂起小鼓、鏘鏘鏘打起小鑼。整座城市打扮得漂漂亮亮乾乾淨淨。

「我真想剪短頭髮，穿上男裝，跟著貞德姑娘打仗去！」

「瞧妳又說傻話了，那是天上的神，選中了貞德姑娘！輪得到妳嗎？」

「聽說王子殿下為了獎賞貞德姑娘，還封了她爵位，讓她全家當上了貴族，又答應用四分之一的王冠和王室紋飾上的百合花紋做她盾牌上的圖案。」

「可是，貞德姑娘並不看重這些獎賞，她跪下對王子殿下說：『我只要一個賞賜，跟我去蘭斯大教堂，接受神給予您的王冠！』傻小妞，妳同她比，可真差上十萬八千里！」

「我哪能同她比？那稱為雄獅的英軍元帥塔爾波特在貞德姑娘面前也變成了狗熊，巴迪大草原上三個小時的拚鬥，塔爾波特輸了兩千具屍體，自己也被活捉了。」

「那倒是真的，可是妳知道那是什麼原因嗎？貞德姑娘除了勇敢，還懂得怎樣擺弄大炮，既打倒敵人，又不傷了自家人。這樣的本事，里希蒙元帥也不如她呢！如果說奧爾良戰役是對狗熊的當頭一棒，那麼巴迪戰役就是將狗熊的脊梁骨打斷了！」

這時，小妞瞇細著眼睛，望著窗外激動的說：「來了！他們來了！終於來了！貞德姑娘騎著白馬，王子殿下騎著黑馬。貞德披著銀白色的盔甲，手裡像是拿著小戰斧，戴著漂亮的翎毛帽。」

　　老漢急忙奔到窗口，老眼昏花，看出去模模糊糊，只聽小妞嘰嘰喳喳的描述：「男人都脫下帽子，士兵都舉起手來，亮出手掌，向貞德姑娘行軍禮，其餘的人都跪了下去，有的人吻她的腳，有的人摸她的馬，有的人摸她的盔甲，有的人吻她留下的馬蹄印，站在屋頂上的人揮動著手帕。」

　　小妞的注意力都放在貞德的身上，忽然醒悟過來，丟下抹布，奔向甬道口的樓梯。老漢也跟著奔了起來，差點被拖把絆了一跤。

　　一老一少奔下樓梯，衝到大教堂正門口，恰巧遇上大主教蘭姆斯從聖雷米大教堂迎回聖油瓶的宏偉場面。

　　一長串火炬，緩緩移動的十字架，五個戎裝的貴族扶助大主教下馬，大主教手捧聖油

瓶，神色莊重的走進大教堂的正廳。

人們都相信這聖油瓶最早來自天國，由一隻鴿子送來，九百年來珍藏在聖雷米大教堂，被視為不可侵犯的神物。歷代的新國王必須塗上這瓶裡的聖油，才能戴上王冠，完成加冕典禮。

這時，教堂悠揚的鐘聲響起來了，禮炮的轟鳴聲響起來了，管風琴優雅深沉的聲音響起來了，四百支銀喇叭洪亮圓潤的聲音響起來了，人們如雷般的掌聲響起來了。

士兵們唱起了勝利的凱歌，唱詩班唱起了讚美詩，人們擁著貞德呼喊著：奧爾良姑娘！百合花女郎！法蘭西女兒！人民的救星！純潔的天使！神的使者！戰無不勝的總司令！

　　貞德和王子並肩走進了蘭斯大教堂，大廳裡擠滿了人，只留下中間一條窄窄的通道。

　　隆重的加冕儀式開始了，祈禱文裡出現了貞德的名字，貞德舉著她的軍旗，感動得站在王子身旁。

　　王子穿著繡滿金黃色百合花的長袍，跪在大主教蘭姆斯前，由他在額頭上塗聖油，再將綴滿鑽石的王冠戴在頭上。十三位貴族伸手按在王冠上宣誓：「我們衷心擁護查理七世為法國的國王，永遠效忠於他，至死不渝！」

　　貞德臉上綻開笑容，慶幸自己完成了神所賦予的使命，不由自主的跪下，喃喃的為新國王祈禱，全身煥發出天使般的光彩。有人替她披上一件繡滿百合花的白絹長袍。

　　查理七世親自扶起貞德，

感激的說：「妳為我登上王位流出鮮血，妳為拯救法蘭西受了重傷，快說吧，妳要什麼賞賜？我都會滿足妳的，說吧！」

貞德輕輕的回答：「仁慈的陛下，請免除杜列米村的捐稅吧！讓生我養我的家鄉喘一口氣，讓受盡苦難的鄉親們的日子過得好一些吧！」

從此，杜列米村免除了法國王室課徵的捐稅，一直持續了三百六十年。

加冕典禮持續了五個小時，貞德在衛兵的簇擁下離開蘭斯大教堂。沿途的民眾紛紛向她鞠躬行禮，有的還恭敬的跪下膜拜。

人群中唯有一個老人，他沒有脫帽，沒有鞠躬，沒有跪下，也沒有笑容。

衛兵警惕的注視著這個老人，正要上前盤問，貞德飛奔

過去，緊緊抱住這個老人。

原來這個老人就是貞德的父親，貞德為父親的蒼老感到吃驚。傑克抖抖索索的從懷裡掏出一條藍絲帶，貞德立刻明白這是母親給她的禮物，她感動的將藍絲帶圍在脖子上，並貼在臉上親吻。未出嫁的女孩子常繫藍絲帶，這是家鄉的習俗。貞德感受到了母親的氣息，母親的愛，不住的流下眼淚。

傑克絮絮的告訴女兒，家鄉父老都為貞德感到自豪，新生的嬰兒都取名貞德，甚至將小動物也取名貞德。母親一直牽掛著貞德，常去小天使樹下叫喚女兒的名字，母親喚一聲「貞德」，小鳥便都飛了下來，圍著她嘰嘰喳喳叫個不停。當奧爾良戰役勝利消息傳來，母親並不感到喜悅，直為女

女兒的傷勢擔憂。

這一個晚上，父女倆住在同一個屋簷下，貞德彷彿回到了家中。

她告訴父親，新國王已答應永遠免除杜列米村的捐稅。她從劍鞘裡拔出那把雕刻著五個黃金十字架的寶劍，在父親面前認真舞了一會。

這時，她才感到疲累，感到不喜歡戰爭，不喜歡看到流血，甚至不喜歡看到敵人的屍體。

她告訴父親：她喜歡在草原上放羊，喜歡和母親一起紡紗，喜歡和哥哥們下田，喜歡和妹妹去小天使樹下和小鳥們玩耍。

她多麼想回到杜列米村，可是，神的聲音說：貞德，拯救法蘭西，打敗英國佬，這仍然是妳的使命！

10

被　捕

　　大胖回到沃古勒城，仍編在羅伯特總督的兵營裡。因為他在奧爾良戰役表現出色，再加上他的兩個弟弟在那次戰役裡壯烈犧牲，總督特別提升了他的軍銜和職位。

　　可是，大胖快活不起來，貞德的影子老是在眼前晃動。他思念著貞德，吃飯不香，睡覺不甜。

　　他盡量找機會去文書那裡走動，因為文書知道前線的各種消息。

　　文書常在人前吹噓:「所有的人裡，我是第一個見到貞德的！如果不是我向總督大人通報，貞德能見到總督大人嗎？如果不是我替總督大人起草那封公文，貞德能見到王子殿下

嗎？」他這裡說大話，那裡誇海口，彷彿奧爾良解圍，也有他的一份功勞。

可是，大胖一回來，他就變得謙虛起來：「他不一樣，他是第一個同貞德走在一起的人！」每當大胖向他打聽貞德的下落，他總是樂意相告，從不隱瞞。同時，他也向大胖探問貞德的事蹟，他特別愛聽大胖描述希農城的加冕典禮，百聽不厭。

其實，大胖根本沒有參加加冕典禮，他所知道的，也是從別人那裡聽來的。文書聽著，聽著，嘴癢起來，就會胡謅上幾句：「哇，竟然有人跪在地上親吻貞德留下的馬蹄印？哈，想當初，我還盡給貞德白眼看呢！」話說出口，他就忙打自己嘴巴：「該死，該死，我那時真是有眼無珠，目中無人！」

10月裡，大胖又來問起貞德的去向。文書長嘆了一口氣，「其實，我早就想找你說，就怕你聽了心裡難過。既然你來了，我也不瞞你，總司令早在8月底受了傷，如今躺在聖安尼城。」

「貞德傷得嚴重嗎？這是怎麼回事？」大胖急得滿頭大汗。

「這都是勃艮第派菲力普親王惹的禍！他託人捎了一封信給新國王，說是要同新國王講和，一起打敗英國佬。」文書拍了一下桌子，氣沖沖的說：「他那裡一派胡言，國王信以為真。總司令當然勸國王別中了菲力普的詭計，可是，國王身邊隨聲附和的人太多。宮廷侍衛長托雷姆妒忌貞德在國王面前搶了他的鋒頭，大主教蘭姆斯怨恨貞德擋在他的面前傳

布神的訊息，奪了他的飯碗。國王耳根軟，終於答應同菲力普親王談判。貞德氣不過，堅持要去攻打巴黎，國王明裡同意，暗裡又派人去拆了通往塞納河的浮橋。8月底，貞德帶了軍隊到了巴黎城下，不幸被一發石彈擊中，受了重傷。」

大胖本來就過不慣兵營裡死氣沉沉的日子，一聽到貞德負傷的消息，恨不得插起翅膀飛到她的身邊。

他向總督告假，總督一口答應，還豪爽的說:「你去告訴貞德，她要是受不了大鼻子身旁那幫人的氣，就索性來我們這兒，我會挑一棟大房子，將她的父母兄妹都接來。她要是還想去攻打巴黎，我帶上軍隊跟她走!」

大胖拍著大腿說:「對呀，我就再成立徵兵處，替總司令

招兵買馬！」

大胖騎上大黑馬，渡過了九條河，越過了九座山，到了聖安尼城。

聖安尼城的老百姓對他說：「奧爾良姑娘帶了三千多人的軍隊去攻打聖皮埃城了。」

大胖騎上大黑馬，渡過了九條河，越過了九座山，到了聖皮埃城。

聖皮埃城的老百姓對他說：「奧爾良姑娘用三天時間趕走了這裡的英國佬，又去攻打夏利特城了。」

大胖騎上大黑馬，渡過了九條河，越過了九座山，到了夏利特城。

夏利特城仍是英軍占領著，大胖說起流利的英語，騙衛兵打開了城門。

衛兵對他說：「杜列米村的妖女費了九牛二虎之力，攻不

破城，又等不到援軍，就不知哪兒去了。」

大胖拍了拍大黑馬，附著牠的耳朵說:「大黑馬，別灰心，總有一天，我會見到總司令，你會見到總司令的白馬，咱們走吧!」

大胖騎上大黑馬，渡過了九條河，越過了九座山，到了一座陌生的城市。

他還沒有打聽出城市的名字，腳背上就被一隻毒蜘蛛刺了一下，一忽兒功夫，腳背腫得像發酵的大饅頭，渾身冷得發抖。

大胖病倒了，在一家小客棧昏昏沉沉躺了四個月。有一天，鐘聲齊鳴，震得他耳鼓嗡嗡作痛，總算清醒過來。他覺得奇怪，就問客棧老闆:「今天是什麼日子？為什麼大鐘小鐘都響個不停?」

　　老闆狂笑著說：「杜列米村的妖女在康比城被活捉了，我們勃艮第派難道不要慶祝嗎？」

　　大胖嚇了一大跳，這一嚇，連病都嚇退了。他趕緊騎上大黑馬，渡過了九條河，越過了九座山，到了康比城。

　　康比城的老百姓對他說：「奧爾良姑娘被勃艮第派抓去，關在波留城裡。」

　　大胖騎上大黑馬，渡過了九條河，越過了九座山，到了波留城。

　　波留城的勃艮第派士兵對他說：「那杜列米村的妖女施展妖法溜出牢房，虧得被哨兵發現，重新捉住，為了防她再逃，已押送到波魯波瓦城去了。」

　　大胖騎上大黑馬，渡過了九條河，越過了九座山，到了波魯波瓦城。

波魯波瓦城的英國兵對他說：「杜列米村的妖女關在城堡頂樓的祈禱室裡。」

大胖打聽得清清楚楚，等待機會想將貞德救出去。

說來也巧，他竟遇上了大頭疤。大頭疤不但不告發他，還悄悄給他一樣東西，那是一頂天鵝絨帽子，帽頂上有一簇雪白的鴕鳥毛。

「這是貞德的帽子，她被捕後，這頂帽子落到了我哥哥的手裡。我現在交給你，也就心安了。」大頭疤愧疚的說。

「總司令究竟怎麼被你們捉住的？」

「5月裡，勃艮第公爵同英國人組成三千人聯軍攻打康比城，貞德帶領六百名騎兵趕來援救康比城。24日下午四點鐘，貞德和她的騎兵被我們聯軍衝散，要是康比城上的守軍

開炮阻擊或派軍隊出城接應，貞德就有救了。可是，康比城司令官弗拉維什麼都不做，反而關閉大門，拉起吊橋，他眼看著我們將貞德從馬上強拉下來。」

「你能不能做我的幫手，一起將總司令救出來，好嗎？」

大頭疤囁嚅著不敢答應。可是，隔了幾天，他帶給大胖一個好消息：貞德的贖金已經到了！

那時的規矩，俘虜只要繳了贖身費，就可以恢復自由。大胖謝過大頭疤，就騎上大黑馬趕往杜列米村去報告喜訊。

大黑馬本來是一匹膘肥體壯的高頭大馬，禁不起連日來的奔波，直喘粗氣，邁不開步伐，打了兩個趔趄＊，要不是

＊趔趄　腳步歪斜不穩的樣子。

大胖騎術好，早就趴下去了。

杜列米村得到大胖帶來的消息，村民都展開了笑臉。卡特琳還特別帶大胖去她姐姐常去的小天使樹下餵鳥。

卡特琳大叫三聲「貞德！貞德！貞德！」鳥兒都應聲飛下，奇怪的是，牠們沒有一隻出聲，也沒有一隻啄食，都默默的縮著頭頸，十分悲哀的樣子。

村裡人又擔心起來，老人們說，鳥兒是通靈的，莫非貞德又遇到了災難？

11

審　訊

　　天上浮起一層迷霧，戈尚去英國見了紅衣主教。

　　看出去茫茫一片，走起路來一腳高一腳低，他心裡卻是透亮。

　　一回到法國，他就忙著去見貞德。

　　氣喘吁吁登上波魯波瓦城堡的頂樓，邁過那圓形祈禱室的門檻，他見到了躺在地板上的貞德，心裡著實吃了一驚：貞德的身下鋪了一條蓆子，右腿異樣的蜷曲著，眼睛微閉，臉很蒼白，還有點浮腫。

　　他已聽說貞德翻窗脫逃摔傷了右腿，那是兩個多月前，在波留城牢房，她將床單撕破連接成布條，可是布條繃斷了。

　　他輕輕喚醒貞德，拖長聲音慢吞吞說：「唉呀，妳是多麼可憐，真像一頭受了傷的羔羊，妳別害怕，我是博韋教區的主教戈尚。說來也巧，妳出事的那個城市屬於我的管轄區域，所以妳的案子就由我來負責，我已組成了六十人的陪審團。我想，這也許是天主的安排，我會盡心盡力替妳禱告，努力減輕妳的罪名。」

　　貞德睜開眼睛，用迷茫的眼神打量著這個將近六十歲的法國神職人員，喃喃的說：「我沒有罪，不用你來減輕我的罪名。」

　　她以為又是在作夢，打從去年5月23日被捕那天起，就三天兩頭作夢。

　　有時候，她在夢裡緊緊摟住心愛的白馬，胸膛俯向白馬的頸部，白馬在綠茸茸的草場

上奔跑。

　　有時候，她在夢裡看見滋滋作響的炮彈飛過頭頂，血紅的火光和墨黑的硝煙使整個天空變色，轟隆隆的爆炸聲又使整個大地顫動。

　　有時候，她在夢裡走進杜列米村的橡樹林，看到橡實變成褐色，從蒂頭上鬆開，噗咚噗咚掉落下來，夏天變成了秋天。一會兒，她看到橡樹葉子也變成褐色，一片片飄落下來，秋天變成了冬天。

　　戈尚見貞德並不將他放在眼裡，就拔高嗓子說：「今天，我帶來了妳的贖金。因為妳被查理王子封為貴族，享有王室的待遇，所以我帶來了整整一萬金幣。妳千萬別小看自己，妳的身價如同一位王室爵爺呢！」

　　沒等戈尚說完，貞德已淚

流滿面，哽咽的說：「我的國王終於來救我了！他明明是國王，你為什麼還稱他王子呢？」

戈尚嘆了一口氣，搖了搖頭：「他根本不配做國王，明明知道妳在受苦，卻袖手旁觀。我剛才說的那一大筆贖金是英國王室付給勃艮第公爵菲力普親王的，別再指望那個忘恩負義的私生子會來救妳，我真替妳難過！」

戈尚這番話，像一塊石頭堵在貞德的喉嚨，堵得她透不過氣來。

戈尚滔滔不絕的說著：「聽說查理身邊的大主教蘭姆斯在生妳的氣呢，本來全是他解釋《聖經》，根據神的旨意布道，再帶領查理同大臣們向神禱告，可是妳堅持說看到了神，聽到神的聲音，這不是將他撇在一旁嗎？巴黎大學的教

士們也對妳不滿，他們請求菲力普親王將妳交給宗教法庭＊裁判。英國王室也是這個意思，主張由教會出面，宣布妳是撒旦派來的女巫，是異端分子，這樣就能消除妳在法國人

放大鏡

＊宗教法庭　1206 年，西班牙教士多明尼來到法國南方的阿比爾鎮，遇到一個稱為「卡塔爾」的信仰團體，雖信耶穌，讀《聖經》，卻反對教會，甚至抵制教皇派來干涉的特使。多明尼就派遣僧侶滲透進去，分化瓦解，策動信徒互相告密，並建議教皇調動十字軍鎮壓，導致當地兩萬平民慘遭殺害。

從此，天主教採用多明尼挑動信徒互相告密的手段鎮壓異端。1220 年，西歐各國成立宗教法庭，也稱宗教裁判所，成員由教皇指派，稱為紅衣主教，偵查、拷問、殘害敢於挑戰教會的異端以及有異端思想或同情異端的人。以後六百年間，歐洲有二十萬人被判處火刑。

宗教裁判所象徵著災難和恐怖，第一個自首者會得到寬恕，但在宗教儀式中須自我鞭打，遊街示眾，任人唾罵。告密者與見證人姓名保密，罪犯及至兒童都可作為見證人。一經被指控，絕難倖免。理論上，宗教法庭不直接殺人，將犯人移交當地法庭判處火刑。哲學家布魯諾慘遭火刑，天文學家哥白尼、伽利略也險些成為烈焰中的冤魂。

十八、十九世紀，歐洲的宗教裁判所相繼撤消。1998 年，梵諦岡向世界各地三十位學者公開宗教裁判所的檔案，教宗為宗教裁判所的歷史罪孽公開懺悔。

民中間的影響。看來只有我才能幫助妳度過難關，讓我們快些動身去盧昂吧！」

12月下旬，長長的鐵鍊鎖住了貞德的頭和腳，六個膀大腰圓的英國士兵將她塞進一個鐵籠子裡，一路嚴密監視，運到塞納河畔的盧昂。

1431年2月21日上午八點鐘，宗教法庭在盧昂大教堂正式開庭。

貞德拖著沉重的鐵鍊，穿著男人的衣服，走向那個沒有靠背的凳子。一個士兵忍不住向她行了一個軍禮，貞德微笑著舉手還禮，旁聽席響起一片掌聲。

依照慣例，未滿二十一歲的貞德要求找一位律師幫她辯護。戈尚滿臉堆笑的解釋：「妳完全有這個權利，不過，我替妳打聽過，在這英國人的地盤

上，沒有一個法國律師敢出面替妳辯護。」

他接著要求貞德跪下宣誓，向法庭保證如實回答問題，不再逃跑。

貞德不肯跪下，也不肯保證。

連著幾天，法庭上出現僵持局面，旁聽席上卻有說有笑。

天上飄過一片黑雲，戈尚趕去英國見紅衣主教，那個英國國王的叔父。

3月10日，祕密審訊開始了，旁聽席上空無一人。上午的審問持續三至四個小時，下午的審問持續二至三個小時。法官毫無顧忌的布下陷阱，設下圈套，變換著花樣逼問貞德。

戈尚輕聲問貞德:「妳所見到的聖卡特琳和聖瑪格麗特很

討厭英國人，是嗎？」

貞德回答：「我不知道她們是不是很討厭英國人，但我知道她們允許懲罰英國人的侵略行為。她們明白的告訴我，英國軍隊將遇到比奧爾良戰役更大的災難，將在七年之內滾出法國！」

天上刮起一陣狂風，戈尚又趕去英國見紅衣主教，那個英國國王的叔父。

3月28日，法庭拋出「六十條罪狀」：貞德是騙子，貞德是偽裝的先知，貞德是宗教分裂分子，貞德是偶像崇拜者，貞德是女巫，貞德散布謠言，貞德誹謗主教，貞德欺瞞父母，貞德叛離宗教，貞德慫恿人們打仗，貞德替私生子加冕，貞德穿男裝，貞德讓人們吻她的手和腳等等。

戈尚問貞德：「妳被宗教法

庭定了六十條罪狀，妳說說看，妳現在還享受到天主的恩德嗎？」

《聖經》上說，誰都不知道自己在此時此刻是否享受到天主的恩德，也就是說，這是任何人都不可能知道的事情。

貞德巧妙的回答：「如果我現在沒有享受到天主的恩德，我祈求天主賜我恩德；如果我現在享受到天主的恩德，我祈求天主繼續讓我享受。」

天上下起一場暴雨，戈尚又趕去英國見紅衣主教，那個英國國王的叔父。

4月2日，法庭將「六十條罪狀」壓縮為「十二條罪狀」。

戈尚笑瞇瞇的對貞德說：「我費了九牛二虎之力，一個一個的說服陪審團，終於替妳開脫了一大半的罪名，妳該服

從教會的裁決吧？」

貞德回答：「我一向熱愛教會，我所做的一切，全憑天主裁決。」

戈尚又問道：「天上的教會由天主、聖徒、天使和被拯救者組成。地上的教會由教皇、主教、神父和信徒組成。妳究竟服從哪一個教會呢？」

貞德回答：「我奉天主的使命去見法蘭西國王，當然服從天上的教會。」

戈尚驚慌的說：「妳不服從地上的教會，不就是異教徒嗎？異教徒是要綁上火刑柱的！妳這樣膽大妄為，我怎麼救得了妳？」

天上劃過一道閃電，戈尚又趕去英國見紅衣主教，那個英國國王的叔父。

5月4日，一夥穿紫紅色緊身背心的打手對貞德施加刑

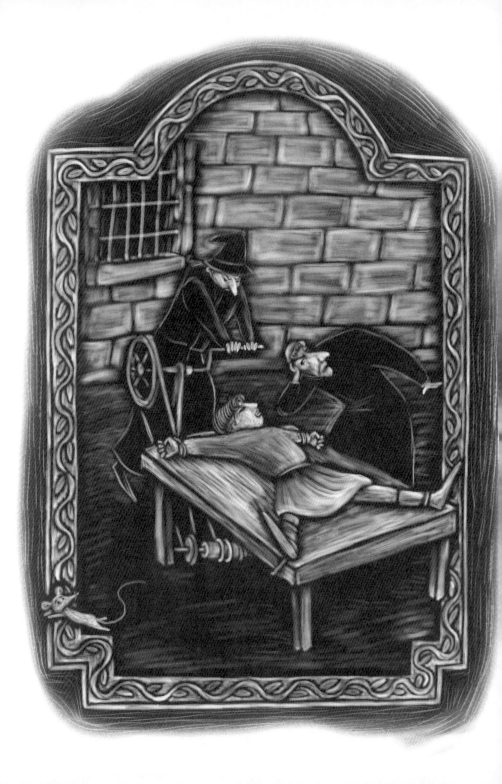

罰，先是夾手指，再將她綁在一張木床上，手和腳攤開，全身呈現一個「大」字，床板下裝有大齒輪，絞盤一轉動，貞德的手和腳就被拉扯得脫臼，皮肉撕裂。

貞德咬著牙說:「即使我的手腳被拉斷，我也不會認罪簽字。萬一我痛得胡言亂語，在法律上也是不算數的。」

天上響起一聲驚雷，戈尚又趕去英國見紅衣主教，那個英國國王的叔父。

紅衣主教溫徹斯特對著戈尚冷笑:「你這個笨蛋，難道忘了我們之間的約定？如果再想不出法子讓貞德在供狀上簽名畫押，你就休想得到盧昂總教區總主教的那個席位!」

12 火刑

　　「諸位，九十多天來，我始終讓被指控的貞德得到公正的待遇，即使對她用刑，也是按照宗教法庭傳統的規則，沒有讓她流血。確切的說，審訊貞德一共十五次，六次是公開的，九次是私下的。我第一次見到貞德時，就對她說：妳是一頭可憐的羔羊；今天，我仍然要對她說：妳是一頭離群的迷途羔羊，作為上帝的牧羊人，我有責任拯救妳的靈魂，帶妳走上正途。可是，諸位，如果她故意離群，不肯悔改，我真的沒有一點法子幫她，她只能被逐出教會，並按照慣例交由地方上的普通法庭判決。老實說，宗教法庭連國王都敢開除出教會呢！所以，今天，

諸位，無論如何，一定要和我一起努力，喚回這一頭離群的羔羊！」

戈尚站在聖都安墓地臨時搭起的臺上，對著群眾振振有詞的說著，偶爾會向被陽光刺激得睜不開眼睛的貞德瞟上一眼。這一天是 5 月 24 日。

戈尚的身後，坐著神學教授、僧侶和教士。兩百名英國士兵將群眾攔住，不讓他們靠近貞德。

戈尚的話，顯然打動了群眾。人們紛紛向貞德呼喊:「貞德，妳還年輕，才十九歲，生命的路還長著呢！」

「快悔過吧，我們不忍看妳被綁上火刑柱！」

「別違反教規，快脫下妳的男裝吧！」

貞德被鐵鍊綁著，她望了望身旁已澆了油的柴堆、高高

的火刑柱和齜牙咧嘴的劊子手，又望了望眼前善良的人群，艱難的用微弱的聲音說道：「好吧，我就遵守教義，從今不再穿男人的服裝。」

戈尚聽了，立刻拿出準備好的判決書，和藹的對貞德說：「感謝天主，妳終於悔過了，快簽字吧！」

貞德吃力的握緊羽毛筆，在判決書上簽了名字。

戈尚很快的大聲唸起判決書上的一段文字：「我，杜列米村的貞德‧達庫，完全承認判決書上對我的指控，我犯下許多罪行：穿上男裝，編造見過聖徒、聽過聖徒說話的謊言，為了贖罪，我願意在監獄裡度過餘生。」

貞德這才明白受騙了，她舉起手擋住陽光，悲傷的說：「《聖經》中，先知以利亞不

敢面對上帝的榮光，在山上用手遮住自己的臉。此時此刻，我想起以利亞這段故事，深深覺得自己真不配享受天主的恩德！」

回到牢房裡，貞德脫下身上黑色的男裝，將原來的少女裝束放在枕邊，傷心的睡去。

半夜裡，獄卒躡手躡腳走進牢房，偷走貞德枕邊的女裝。

第二天早晨，貞德醒來，枕邊的衣服不見了，就大聲責問獄卒。

獄卒以為這個女巫洞察一切，心裡有點虛，吞吞吐吐的說：「妳要穿那件衣服嗎？我去向戈尚主教要回來。」

「不用了，我就穿這件黑色的男裝吧。昨天晚上，聖女卡特琳、瑪格麗特和天使長米伽羅在牆上這面小鏡子裡現

身。你沒有看見這面小鏡子發出的光，將整個牢房照亮了。聖徒們責備我太軟弱，不該在法庭上屈服的。我已經懺悔，聖徒們原諒了我，我心裡踏實多了。你快去告訴戈尚，貞德還是原來的樣子，她絲毫沒有改變。」

很快，盧昂城傳開了：貞德又穿上男裝，她拒絕悔改，陪審團受了戲弄。

1431 年 5 月 30 日的早晨，風緩緩吹拂著，空氣裡瀰漫著悲哀的氣息，鳥兒淒慘的鳴叫著飛過低空。

八百個英國士兵將上萬名群眾隔開，讓一輛兩個輪子的囚車骨碌碌來到盧昂舊市集廣場的刑場上。

囚車上的貞德穿著白衣，戴著紙帽。紙帽上寫著:「異教徒」、「叛教者」。貞德那雙

靈秀的褐色眼睛望著天空，臉色平靜。

紅衣主教溫徹斯特，那個英國國王的叔父，專程從英國趕來，同戈尚一起坐在刑場搭起的高臺上。他們的旁邊坐著大法官、神學院院長、英國軍官和巴黎大學的教士們。

九點正，戈尚宣布將異端分子貞德開除出教會，並將她移交給地方上的普通法庭判決。

這時，貞德跪下祈禱，她不是為自己祈禱，而是為查理七世祈禱，為那個忘恩負義的法蘭西國王祈禱。她在充滿感情的禱詞裡，請求人們公正的對待這位國王，不要因為她的遭遇而指責這位國王，呼籲全體法國人擁護他，追隨他，不要嘲笑他是「怯懦的蟾蜍」。

這是許多人所想不通的，

也使許多人感動得流出眼淚，包括那位地方上的普通法庭的大法官。

那位大法官竟然忘了開庭審訊、判決，淚眼模糊的向劊子手揮揮手：「執行你的職責吧！」

於是，貞德被推到柴堆上的火刑柱下，劊子手將貞德身上的鐵鍊繞到火刑柱上。

一會兒，木柴嗶嗶剝剝燒了起來，火焰慢慢升了起來，黑煙慢慢散了開來。

人群騷動起來，傳出了喊聲、哭聲、祈禱聲。

忽然，響起了貞德急迫的呼叫聲：「給我一個十字架！給我一個十字架！」

頓時，全場寂靜無聲。

數秒鐘後，有一個人跌跌撞撞奔上柴堆，撿起一根細柴棍，折成兩截，交叉後紮緊，

隔著劊子手，遞到貞德的手裡。

貞德捧住這個最簡易的十字架，緊緊貼在胸口，低下頭親吻著。

很快，她抬起頭，感激的看著被劊子手驅趕下去的那個年輕人。一瞬間，她認出了他，他不就是被父親逮住的大頭疤嗎？大頭疤跪在地上，淚流滿面。

又過了數分鐘，有一個教士發瘋似的奔進附近的教堂，取出一個十字架，奔回刑場，踮起腳將十字架高高舉起，讓貞德的視線能始終追隨著它。

火焰和黑煙終於遮住了人們的視線，人們只能隱隱聽到貞德痛苦而微弱的呻吟聲：「耶穌 —— 耶穌 —— 」

黑壓壓的，人們一批批的跪了下來，許多婦女號啕大

哭。坐在臺上的戈尚和紅衣主教溫徹斯特手足無措，直怨時間過得太慢。

火焰像一朵朵紅花，熱烈的怒放著，閃耀著。一眨眼的功夫，火焰又跳躍著，追逐著，連成一片花的海洋。最後，好似一座火焰山，騰空而起，直衝九霄。

煙消雲散後，有一隻美麗純潔的白鴿，在刑場的上空徘徊、盤旋，人們目送牠漸漸消失在天際。

二十二年後，在里希蒙元帥的率領下，法軍終於將英軍趕出法國，結束了英法百年戰爭＊。

查理七世隨著勝利的軍隊巡視盧昂，他看到了貞德留下的軍旗、長劍、盔甲和翎毛帽。那天晚上，他做了一個夢，夢見了貞德。

他看不清貞德穿什麼樣的衣服，因為貞德身上罩著神奇的光芒。出乎他的意料，貞德沒有責怪他，溫和的說:「國王陛下，您的氣色真不錯，好好治理您的國家吧!」

放大鏡

＊**百年戰爭小檔案**　百年戰爭是英法兩國為爭奪王權和領地的一場戰爭。

1337 年 11 月	英法兩國正式宣戰
1340 年	斯洛伊士戰役，英軍在法國登陸
1346 年	克勒西戰役，英軍占領法國戰略要地加萊
1356 年	普瓦提埃戰役，英軍活捉法國國王
1360 年 11 月	英法簽訂「布勒丁尼和約」，法國割地賠款
1367 年	法軍發起進攻，收復部分領地
1396 年	英法議和
1415 年 8 月	阿金庫爾戰役，英軍占領法國北部
1420 年	英法簽訂「特魯瓦和約」
1422 年	英王亨利五世、法王查理六世相繼去世
1428 年 10 月	英軍南下進攻奧爾良，法國局勢危急
1429 年 4 月	貞德被任命為奧爾良援軍總司令
1429 年 5 月	奧爾良解圍，扭轉百年戰爭局勢
1429 年 7 月	在貞德支持下，查理七世舉行加冕典禮
1431 年 5 月	貞德被宗教法庭判處火刑
1435 年	勃艮第派封建主和查理七世締和
1436 年	法軍收復巴黎
1453 年	英軍被趕出法國，英法簽訂和約

　　查理七世滿心羞愧，喃喃的說：「尊敬的聖女，求您憐憫，垂聽我的聲音。當初，我受周圍小人迷惑，急著去找勃艮第派求和，顧了那頭，就顧不了您，害您在監獄裡受難。其實，我自己就是一個小人，加冕典禮那天，在蘭斯大教堂外，我看到老百姓爭著吻您的腳，甚至吻您的馬蹄印，心裡就很妒忌，擔心您在老百姓心中的威望比我高。後來，您被勃艮第派抓去，我鬼迷心竅，不願出錢贖您出獄。我真糊塗！我真該死！」

　　查理七世半是良心發現，半是為了自身王位的合法性，親自為貞德主持公道，向教皇提出平反冤案的申請。貞德的母親伊莎貝爾、二哥皮埃爾和三哥熱昂終於苦盡甘來，趕到巴黎參加聖母院大教堂為貞德

平反昭雪舉行的討論會。可惜貞德的大哥雅克和父親傑克早在貞德審判期間及遇害後相繼含恨去世。一個龐大的調查團歷時半年，終於推翻了盧昂宗教法庭對貞德的裁決。

　　人們沒有忘記那個死去的戈尚，毫不客氣的將他請出墳墓，扔到了塞納河裡。魚兒見了這個殺害貞德的兇手，都厭惡的游開了。

放大鏡

＊**紀念貞德** 1456 年 7 月 7 日，貞德沉冤洗雪，就義的刑場上樹立起十字架紀念碑。

1920 年 5 月 16 日，教皇封貞德為聖徒。

法國將 5 月 8 日定為奧爾良解放日，5 月的第二個星期日定為紀念貞德的節日，貞德遇難的 5 月 30 日定為祭日。

巴黎羅浮宮外側的奧爾良中央廣場上，樹立起貞德的金色塑像。

盧昂的舊市集廣場上，建造起狀如巨形火燭的貞德教堂，教堂前塑有貞德像。

蘭斯城的大教堂前，屹立起手執寶劍、騎著駿馬的貞德塑像。

蘭斯城的貞德節那天，每年都有兩千人妝扮成中世紀的各種人物：高盧人、羅馬人、法蘭克人、勃艮第人、哥德人、旺達爾人等。遊行隊伍最後面是一輛引人注目的馬車，馬車上載著合唱隊和樂隊。有趣的是，這輛馬車每年會加長一些，如今已有四十米長。

數百年來，以貞德為主題的書籍、繪畫、詩歌、雕塑、戲劇、電影，不計其數。除了小說家、戲劇家、電影藝術家，歷史學家、宗教家、心理學家也對貞德感興趣。

＊**馬克・吐溫** 美國幽默作家馬克・吐溫 (1835～1910) 著有長篇小說《聖女貞德傳》，出版於 1896 年。

此書原名為《貞德的個人回憶錄》，原作者署名為貞德的侍從和祕書路易・德・孔泰爵士，並有譯者署名為讓・弗朗索瓦・阿爾登。其實整部作品是馬克・吐溫撰寫的。

馬克・吐溫曾說，此書是他所有作品裡寫得最精彩的一部，也是寫作時間耗費最長的一部，給他的喜悅與滿足，比其他任何一部作品多出七倍。

他用兩年時間寫成此書，而在之前用了十二年時間收集資料。他原打算以奧爾良戰役獲勝為結尾，後在妻子和女兒鼓勵下，一直寫到貞德就義。

＊**蕭伯納和英格爾・褒曼** 英國戲劇家蕭伯納 (1856～1950) 著有劇本《聖女貞德》，他希望瑞典名演員英格爾・褒曼 (1915～1982) 扮演劇中的貞德，卻遭拒絕。他不灰心，九十二歲那年邀請她到家裡喝早茶，並親自站在門口迎接她。

他問她：「妳在舞臺劇和電影裡多次成功扮演過聖女貞德，為什麼偏偏不肯演我寫的劇本呢？」

她說：「你將貞德寫成一個潑辣老練的政治鼓動家，而我演的貞德是一個毫無社會經驗的、會哭泣的農村姑娘。」

貞 德

1412 年 01 月 06 日	生於法國東北邊境杜列米村 (DOMRÈ-MY)。
1428 年 10 月 12 日	英軍圍攻奧爾良城 (ORLÈANS)。
1429 年 03 月 08 日	在希農城 (CHINON) 拜謁王子查理 (CHARLES)。
1429 年 04 月 21 日	順利通過普瓦提埃 (POITTIER) 法庭審查。
1429 年 04 月 22 日	被任命為奧爾良援軍總司令。
1429 年 04 月 27 日	向奧爾良進軍。
1429 年 04 月 29 日	率軍進入奧爾良城。
1429 年 05 月 08 日	打敗英軍，奧爾良城解圍。
1429 年 07 月 16 日	收復蘭斯城 (RHEIMS)。

1429 年 07 月 17 日	擁戴王子加冕為查理七世。
1429 年 08 月 23 日	向巴黎進軍。
1430 年 05 月 23 日	在康比城 (COMPIÈGNE) 戰役被俘。
1430 年 11 月 21 日	被英軍引渡。
1430 年 12 月 25 日	被關押在盧昂 (ROUEN) 監獄。
1431 年 02 月 21 日	接受宗教法庭審判。
1431 年 05 月 24 日	以「女巫」與「異端」等罪名判處火刑。
1431 年 05 月 30 日	在盧昂舊市集廣場被處火刑。
1456 年 07 月 07 日	平反昭雪。
1920 年 05 月 16 日	被天主教會列為聖徒。

兒童文學叢書

童話小天地

童話的迷人，
正是在那可以幻想也可以真實的無限空間，
從閱讀中也為心靈加上了翅膀，可以海闊天空遨遊。
這一套童話的作者不僅對兒童文學學有專精，
更關心下一代的教育，
出版與寫作的共同理想都是為了孩子，
希望能讓孩子們在愉快中學習，
在自由自在中發展出內在的潛力。

—— 簡宛（名作家暨「兒童文學叢書」主編）

丁伶郎　奇奇的磁鐵鞋　九重葛笑了　智慧市的糊塗市民
屋頂上的祕密　石頭不見了　奇妙的紫貝殼　銀毛與斑斑
　小黑兔　大野狼阿公　大海的呼喚　土撥鼠的春天
「灰姑娘」鞋店　無賴變王子　愛咪與愛米麗　細胞歷險記

獻給孩子們的禮物

「世紀人物100」

訴說一百位中外人物的故事

是三民書局獻給孩子們最好的禮物！

◆ 不刻意美化、神化傳主，使「世紀人物」
　 更易於親近。

◆ 嚴謹考證史實，傳遞最正確的資訊。

◆ 文字親切活潑，貼近孩子們的語言。

◆ 突破傳統的創作角度切入，讓孩子們認識
　 不一樣的「世紀人物」。

適讀對象：
國小低年級以上
附注音，小朋友也能自己讀！

創意 MAKER

創意驚奇雲

請跟著**畢卡索**，在各種藝術領域上大展創意。

請跟著**盛田昭夫**，動動你的頭腦，想像引領創新企業的挑戰。

請跟著**高第**，體驗創意新設計的樂趣。

請跟著**格林兄弟**，將創思奇想記錄下來，寫出你創意滿滿的故事。

本系列特色：
1. 精選東西方人物，一網打盡全球創意 MAKER。
2. 國內外得獎作者、繪者大集合，聯手打造創意故事。
3. 驚奇的情節，精美的插圖，加上高質感印刷，保證物超所值！

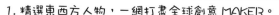

國家圖書館出版品預行編目資料

浴火聖女:貞德 / 白丁著;倪靖繪.－－初版三刷.－－
臺北市:三民,2016
　　面;　　公分.－－(兒童文學叢書 / 世紀人物100)

　ISBN 978－957－14－4401－7　(平裝)

　1.貞德(Joan, of Arc, Saint, 1412－1431)－傳記－通
俗作品

784.28　　　　　　　　　　　　　　　94023872

©　浴火聖女：貞德

著 作 人	白　丁
主　　編	簡　宛
繪　 者	倪　靖
發 行 人	劉振強
著作財產權人	三民書局股份有限公司
發 行 所	三民書局股份有限公司
	地址　臺北市復興北路386號
	電話　(02)25006600
	郵撥帳號　0009998－5
門 市 部	(復北店) 臺北市復興北路386號
	(重南店) 臺北市重慶南路一段61號
出版日期	初版一刷　2006年9月
	初版三刷　2016年11月
編　　號	S 781750

行政院新聞局登記證局版臺業字第○二○○號

有著作權‧不准侵害

ISBN　978－957－14－4401－7　（平裝）